# A. CASTÉRAN

# L'Algérie française

## De 1884 à nos jours

PÉRIL JUIF — PÉRIL ÉTRANGER

PÉRIL ARABE — PROCÈS D'UN AGITATEUR

RÉFORMES ALGÉRIENNES

## PARIS

### ERNEST FLAMMARION, ÉDITEUR

26, RUE RACINE PRÈS L'ODÉON

# L'ALGÉRIE FRANÇAISE

## De 1884 à nos jours

# DU MÊME AUTEUR

## ROMANS

LAURE DE TOUMONS,
GOUALEUSE,
REMORDS,
RAYMONDE.

## NOUVELLES

SONGES DES NUITS.
CONTES VÉCUS.

## THÉATRE

MADAME DE RENNECY, 3 actes.
VIRTUOSE, 1 acte.

## EN PRÉPARATION

CONTES VÉCUS (recueil 1re série).

ÉMILE COLIN, IMPRIMERIE DE LAGNY (S.-&-M.)

# AUGUSTIN CASTÉRAN

# L'Algérie française

## De 1884 à nos jours

PÉRIL JUIF — PÉRIL ÉTRANGER — PÉRIL ARABE
PROCÈS D'UN AGITATEUR — RÉFORMES ALGÉRIENNES

PARIS

ERNEST FLAMMARION, ÉDITEUR

26, RUE RACINE, PRÈS L'ODÉON

# PRÉFACE

---

Dans une brochure, TROUBLES D'ALGER, qui
parut en août 1898, nous expliquions ainsi
le but que nous poursuivions :

« Nous voulons donner, sous une forme con-
cise, un aperçu des événements qui seront désormais désignés sous l'appellation de TROUBLES
D'ALGER. Ces troubles sont la conséquence d'un
antisémitisme latent qui a été étudié déjà et
que nous étudierons nous-même un jour. Pour
l'instant, nous ne ferons que l'historique de
la période d'agitation, pleine de féconds en-
seignements, que nous venons de traverser.
Nous en analyserons la pensée philosophique
qu'elle comporte et nous nous déclarerons satisfait, si, dans les pages qui vont suivre,

nous réussissons à donner aux lecteurs le frisson de la chose vécue. »

Aujourd'hui, élargissant considérablement ce cadre, nous aspirons à tracer, en historien dégagé de toute école et par suite de toute influence, les grandes lignes d'une époque (de 1884 à nos jours) qui fera date dans les annales de l'Algérie et de la Métropole.

Depuis bien des années il ne s'était produit une telle évolution dans les esprits et les consciences. Il est donc utile, avant que le temps n'en atténue le souvenir, d'écrire une relation d'événements qui ont défrayé la Presse européenne. La poussière de l'oubli doit d'autant moins dissimuler aux regards des nouvelles générations les beautés et les laideurs de nos querelles, que de l'étude qui va suivre, naîtra un enseignement pour l'avenir.

Ce ne sera pas simplement un exposé chronologique de dates et de faits, mais une histoire... psychologique, toute de raison, de jugement et de vérité.

Avant d'entreprendre cette lourde tâche, nous nous sommes longuement recueilli, afin de substituer au publiciste qui a vécu ce qu'il doit décrire, un historien sans passion, d'une impartialité absolue, d'une bonne foi à toute épreuve.

Le journaliste avait le droit de mépriser certaines personnalités en cause dans cet ouvrage, l'écrivain a le devoir d'exprimer sans colère, sans rancune, des choses justes, produit d'une documentation sûre et précise.

« L'Algérie française » n'a d'autre but que de donner un corps aux événements qui ont si étrangement illustré ce pays et de tirer, du récit même de ces événements, la conclusion logique qu'ils comportent, à savoir la modification de notre système de colonisation.

A. L.

Août 1900.

# L'ALGÉRIE FRANÇAISE

## PREMIÈRE PARTIE

### PÉRIL JUIF

I. Israélites algériens. — II. Décret Crémieux : ses effets. — III. Antisémitisme algérien : ses conséquences.

---

## I

### ISARÉLITES ALGÉRIENS

Il faudrait remonter à la plus haute antiquité pour assister à la première invasion juive dans le nord de l'Afrique. Le peuple l'Israël, condamné par une étrange destinée à errer à travers le monde, est venu en nombre considérable s'échouer dans l'Aurès après la ruine de sa nationalité (135 avant Jésus-Christ). Depuis, il a subi les fluctuations des événements, conservant au milieu des vicissitudes les plus grandes son caractère essentiel qui le distingue de toutes les autres races humaines.

Vers le quatorzième siècle, l'Espagne rejeta de son sein plus de deux cent mille Israélites qui s'épandirent en traînées haillonneuses le long du littoral marocain, algérien, tunisien, jusqu'à la Tripolitaine.

Trois cents ans plus tard, les juifs, après avoir été chassés de l'Oranie, sous Charles II d'Espagne, s'y rétablirent et exercèrent de terribles représailles. Mais les beys leur firent subir des châtiments en rapport avec leur criminalité et jusqu'au commencement du dix-neuvième siècle, ils furent traités en parias par les populations musulmanes.

En 1805, il y eut même un horrible massacre de juifs qui avaient semé la famine en accaparant toutes les céréales. La haine contre cette race n'en devint que plus violente.

Insensiblement, la civilisation pénétra

les masses les plus hostiles au progrès d'essence européenne. Les juifs bénéficièrent de l'accalmie qui en résulta. Mais ils ne surent pas en profiter longtemps. Leur instinct de lucre, leur légendaire égoïsme, les vouaient à l'éternel mépris des peuples. Peu enclins aux travaux agricoles, chassés des administrations beylicales, ils dépensèrent les ressources de leur activité commerciale au service de transactions louches dont l'une devait, en 1827, motiver le « coup de l'éventail ».

Le Directoire était redevable de sept millions au dey d'Alger, Hassan. Des juifs, chargés de recouvrer cette créance, l'encaissèrent *à leur compte* en 1820. Le successeur d'Hassan, Hussein, ne put obtenir ni l'extradition des coupables, ni les millions cyniquement volés au trésor de la Régence. Une sourde irritation contre la France emplit le cœur du dey et cette colère éclata le 30 avril 1827. Hussein, dans une réception au palais de la Casbah, reprocha amèrement à notre consul, M. Duval, sa partialité à l'égard des israélites dont il paraissait approuver l'esprit de rapine, et lui rappela, en termes inconvenants, le *vol* des sept millions au préjudice de sa cassette. M. Duval protesta avec énergie contre les paroles du dey. Alors, furieux, Hussein frappa le consul de son chasse-mouches.

On connaît la suite. La France, insultée dans la personne de son représentant, en tirait vengeance le 14 juin 1830, en faisant débarquer trente-sept mille hommes à Sidi-Ferruch.

La conquête de l'Algérie deva't ouvrir aux israélites une ère de quiétude et de prospérité nouvelles. Nos mœurs généreuses étaient une garantie morale de sécurité pour les juifs, jusqu'alors soumis aux exactions des arabes. A la faveur de cette protection, ils donnèrent libre cours à leur passion favorite : l'usure, et la plus grande partie des richesses mobilières et immobilière de la colonie passa entre leurs mains. Ils comprirent que dans cette contrée neuve il y avait des trésors à exploiter et, avec acharnement, ils se jetèrent sur cette proie facile. Grand est le nombre des premiers colons de la conquête qui furent victimes de leurs procédés. Les musulmans eux-mêmes, qui

avaient hérité contre eux de haines ances-
trales, retombèrent sous leur joug plus
lourdement qu'au dix-huitième siècle. Ex-
propriés pour dettes infimes que le cumul
d'intérêts arbitraires décuplait, ils l'étaient
aussi par l'État qui aliénait leurs domaines
au profit des Européens. Là encore, le juif
intervenait. Munis de leur mandat, les ex-
propriés se rendaient aux Dépôts et consi-
gnations où on leur répondait que cette
pièce n'était pas en règle. Ils s'adressaient
à un agent d'affaires israélite qui, prétex-
tant qu'ils ne seraient jamais payés, leur
donnait le vingtième de ce qu'il touchait
en leur lieu et place, après avoir rempli les
formalités nécessaires.

C'est là un des procédés usuraires, mais
des plus bénins, employés dès le début de
la conquête. Nous en citerons d'autres qui
motivèrent les manifestations de 1884 et
de 1898. En attendant, cette première
constatation s'impose de l'abus de l'ignorance et de la crédulité des indigènes, par
les juifs algériens. L'arabe, au début de
notre domination, se prêtait au pressurage
exercé par son ennemi héréditaire, parce

que toute révolte eût été réprimée sur le champ. Mais des mécontentements naquirent cependant, que la famine de 1868 rendit plus violents et que le décret Crémieux acheva de faire dégénérer en colère légitime.

Comment, ce n'était pas assez que les juifs vinssent après la bataille pour compter les cadavres, il fallait que pour prix des *services rendus*, ces émissaires de la Ruine fussent déclarés « citoyens français » durant que les turcos tombaient dans les plaines de Vissembourg?

Peu émus par nos malheurs de 70, ils paradaient sur les boulevards des cités algériennes, exerçant sur les timides et les faibles la fascination de fortunes scandaleusement acquises, conservant avec un soin jaloux les stigmates de leur origine, formant une sorte d'État dans l'État devant lequel s'inclinaient les plus robustes, en leur ahurissement douloureux aux nouvelles de nos défaites. Et c'est à ce moment précis, alors que la colonie vivait dans la fièvre de l'attente, que Crémieux, membre du gouvernement de la Défense Nationale,

décréta que ses quarante mille coreligionnaires algériens seraient « *citoyens* français... » et non pas seulement *sujets* français.

décréta que ses quarante mille coreligionnaires algériens seraient « *citoyens* français... » et non pas seulement *sujets* français.

# II

## DÉCRET CRÉMIEUX

Le 24 octobre 1870, l'avocat israélite Crémieux fit décréter ce qui suit :

Les israélistes indigènes des départements de l'Algérie sont déclarés citoyens français. En conséquence, leur statut réel et leur statut personnel seront à compter de la promulgation du présent décret, réglés par la loi française ; tous droits acquis jusqu'à ce jour restent inviolables.

Toute disposition législative. tout sénatus-consulte, décret, règlement ou ordonnance contraires sont abolis.

AD. CRÉMIEUX, L. GAMBETTA, A. GLAIS-BIZOIN, L. FOURICHON.

Fait à Tours, le 24 octobre 1870.

Ce décret (dont l'application devait être modérée par un autre décret du 7 octobre 71) était de nature à exciter les susceptibilités des arabes. Il le fit. Et quoi qu'en ait dit le général Augereau, dans sa déposition devant la commission d'enquête de l'Assemblée Nationale sur les actes du Gouvernement de la Défense en Algérie, la francisation de *tous* les juifs indigènes fit naître dans le monde musulman un sentiment d'hostilité contre nous, qui ne fut pas sans influence sur les soulèvements de 71. Mokrani, le chef de ce mouvement insurrectionnel, en dehors de la raison principale : absence presque complète de troupes à cette époque néfaste, se fit une arme auprès de ses coreligionnaires des préférences de la France pour les israélites tandis que les arabes tombaient frappés par les balles allemandes, dans les houblonnières de nos frontières de l'Est.

M. de Fortou, dans un rapport sur l'abrogation du décret du 24 octobre 70 demandée le 21 juillet 71 par M. Lambrecht, ministre de l'intérieur, reconnaissait l'influence réelle et fatale de cet acte de francisation, sur l'intensité et la durée du soulèvement de 71.

Le doute n'est plus permis. Le décret Crémieux a fortement alimenté l'insurrection.

Quelques auteurs ont cherché à prouver que n'ayant été signé que par quatre membres de la Défense nationale, sur quatorze, il n'était nullement valable. N'empêche qu'il persiste dans ses effets depuis près de trente années. D'avoir conféré d'un trait de plume des droits de citoyens français à quarante mille juifs, inassimilables en vertu de traditions talmudiennes qu'ils observent religieusement, on a commis une de ces fautes qui ont lourdement pesé sur les destinées de l'Algérie. Et cependant, jamais la théorie de *l'adaptation* n'avait trouvé une occasion plus belle de se développer.

Notre but étant moins *d'expliquer* le juif, de définir son âme que de dire l'illogisme de la naturalisation d'un homme qui, ne produisant rien, vit du travail des autres, nous n'insisterons que sur l'influence de cette mesure inconsidérée.

Après l'insurrection de 71, la colonie, à l'instar de la métropole, se reprit à panser ses blessures. Une longue période de tranquillité succéda aux heures de débâcle. Les nouveaux Français du 24 octobre, bénéficiant des avantages de leur situation nouvelle, nos égaux à tous les titres devant la *loi*, étudièrent cette loi, et, grâce à cette compréhension facile qu'ils ont des textes juridiques, ils s'appliquèrent à dissimuler leur tendance à l'illégalité, en « tournant la difficulté » établie par nos législateurs.

Attachés aux préceptes du Talmud comme le sont les arabes à ceux du Coran, les juifs ne considèrent la faveur d'être des nôtres qu'au point de vue de leur propre intérêt.

L'israélite algérien s'identifia à nous extérieurement, s'insinua dans nos coutumes, se fit humble en vue de mieux nous exploiter ensuite, jusqu'à l'heure où, maître de la place, il devint l'usurier, le Gobseck impitoyable et funeste.

Le titre de « citoyens français » que conféra le décret Crémieux à *tous* les juifs répartis sur notre territoire, leur facilita les transactions avec la métropole.

Sachant par expérience, qu'une des conditions essentielles de la prospérité commerciale réside dans la possession des principales agences de renseignements, leurs efforts tendirent à résoudre ce problème. Ils y parvinrent si bien, que depuis la promulgation du fameux décret, ils détiennent une grande partie de la représentation, servant ainsi d'intermédiaires entre l'Algérie et la France travailleuses.

Leur système est très simple. Nous allons en analyser les rouages les plus apparents.

A l'aide des agences, ils obtiennent des représentations au détriment des Français dont ils déprécient la valeur morale et matérielle en les présentant comme insolvables. Mais la représentation ne signifiant rien, il leur faut un dépôt. Alors, ils soulèvent des réclamations de leurs fournisseurs en espaçant les ordres de plus en plus ; puis, ils prétextent de leur impuissance à soutenir la lutte contre des concurrents détenteurs de dépôts et leur maison en crée à son tour. Leur but est atteint. Ils vendent les marchandises *au comptant* et se plaignent de leur qualité *inférieure* qui nécessite une livraison à *vil prix.* L'ordre de liquider suit le consentement de ces forts rabais, et le représentant envoie à ses fournisseurs des valeurs signées de coreligionnaires besoigneux, commissionnés par lui, valeurs qui, à l'échéance, sont évidemment retournées impayées...

La liquidation et la faillite juives sont une autre forme de vol usuraire. La première est l'*a b c* du négoce. Elle est annoncée comme réelle à grand fracas, tamtamée par une assourdissante réclame, claironnée à tous les coins de la ville. « Les rabais sont considérables et quiconque a le souci de réaliser des économies se doit d'aller s'approvisionner chez... » etc., etc. Les semaines, les mois s'écoulent, l'immense pancarte balafre toujours le haut de la devanture : « Liquidation pour cause de départ » ou bien « ... pour cause de cessation de commerce », et le magasin ne désemplit pas de marchandises, encore moins de clients.

N'y a-t-il pas là pour les négociants soucieux de leur dignité, une concurrence déloyale et ruineuse? C'est le vol cyniquement étalé au grand jour de la publicité sous l'œil paterne de la police, qui a charge même de faciliter l'entrée de l'antre, au cas où il y aurait foule, inévitable conséquence de ces procédés malhonnêtes.

La faillite, complément de la liquidation, devient une arme de destruction terrible entre les mains juives qui s'en servent à la fois comme d'une massue pour les créanciers et d'une pelle pour les jaunets des débiteurs.

En matière commerciale, il est deux sortes de comptabilités, l'une irréprochablement tenue, donc légale ; l'autre mensongère, mais régulière en sa forme malgré les passifs volontairement accusés. Avec des regrets dans la voix et des airs d'affliction profonde, le « malheureux » négociant nanti de la comptabilité deuxième manière, inspire à ses fournisseurs une pitié réelle, ce qui lui permet d'emplir ses coffres jusqu'au jour où, déposant son bilan, il obtient un concordat. Alléché par ce premier succès, après avoir fait le « mort » durant quelques mois, il reprend le cours de ses déprédations sous une autre raison sociale ou dans une autre ville, édifiant ainsi des fortunes successives.

Ces vols, commis en quelque sorte sous l'égide de la loi, si paradoxale que paraisse une telle assertion, sont exercés principalement, et non exclusivement, dans la partie tissus. Il n'est d'ailleurs pas de branches commerciales que les juifs n'exploitent, tant est ardente leur fièvre de gain.

Peu industriels de leur nature, ils ne pratiquent guère que l'orfèvrerie et la bijouterie indigènes. La manipulation des métaux précieux leur est un bonheur indicible, mais leurs mains semblent exercer sur l'argent ou l'or qu'on leur confie une attraction si grande qu'ils y demeurent à jamais fixés ou n'en sortent que dépréciés considérablement. Les annales des tribunaux et les archives du Mont-de-Piété contiennent à ce sujet de bien éloquentes pages.

C'est surtout dans la région des Hauts-Plateaux, où les arabes se livrent aux doucours de la vie pastorale, que l'orfèvre juif exerce son art lucratif.

L'arabe de ces régions fait convertir en bijoux les douros gagnés dans la vente de la laine, des peaux et des agneaux. Le praticien juif opère sous une tente, suivant en leurs migrations les nomades et leurs troupeaux, et transforme en bagues, agrafes, épingles, bracelets l'argent qui lui est confié. Est-il nécessaire de dire que cette grossière orfèvrerie, ni contrôlée, ni poinçonnée, n'a d'argent que la couche qui recouvre une alliance de plomb et de zinc ?

L'arabe, quoique « refait » de son avoir et nanti de ces hochets d'une coquetterie naïve, a, durant quelques mois, l'illusion de la fortune et du luxe ; mais la misère frappe à la porte du gourbi. Il cherche alors à *réaliser* ses bijoux et le juif aux creusets et aux matrices lui offre le dixième du prix qu'il lui avait précédemment fait payer. La famine a les dents longues, l'arabe accepte et le tour est joué. Or, sur les Hauts-Plateaux, du Maroc à la Tunisie, dix mille joailliers (!) juifs sont échelonnés, à l'affût des proies faciles que sont les « grands enfants du désert. »

M. Marchal, député d'Alger, a signalé cette situation dans une série d'articles documentés :

Les juifs, écrivait-il, ne font que fondre ou changer l'argent et l'or, mais ils drainent ainsi tout le métal du pays, ils pompent toute la réserve métallique, si bien que, chaque année, la Banque se voit obligée de jeter dans la circulation de nouvelles quantités de pièces pour compenser les fonds disparus.

Le mal est immense, considérable.

C'est par dizaines de millions que se chiffrent les pertes des arabes ainsi dépouillés et par centaines de mille francs que se chiffrent les droits dont le Trésor est frustré par l'absence du contrôle et de la garantie, dans ces régions arabes devenues la proie et le fief des juifs.

Que fait l'autorité ?

Rien.

Il y a cependant une disposition législative fort ancienne qui établit le devoir de l'autorité en cette matière.

C'est un décret du 24 juillet 1857 qui a établi en Algérie *des bureaux* de garantie pour essayer et constater le titre des matières d'or et d'argent. Combien y a-t-il de ces bureaux ? Un, peut-être, pour toute l'Algérie.

Le décret n'est en réalité appliqué qu'aux bijoutiers français et européens ; on laisse tranquillement les faussaires juifs étaler leur honteux et ruineux trafic.

Mais où l'israélite excelle, c'est dans l'art du prêt proprement dit. Comment, un art ! Une institution. Cette devise « faire argent de tout » a des sous-entendus d'où sont impitoyablement exclus les mots conscience et scrupule.

Une des formes les plus usitées de l'usure en Algérie, est désignée sous le nom de *vente à réméré*. Cette opération... financière consiste dans le fait qu'une garantie est exigée par le créancier, garantie d'une valeur double ou triple de la somme débitée et fort légalement déclarée *vendue*, jusqu'au jour de l'échéance, où le remboursement du prêt annulera l'acte de vente.

Cette garantie n'implique pas que le débiteur est indemne d'intérêts. Le placement s'effectue d'habitude à un taux intermédiaire entre 40 et 120 du 100. La déclaration de vente d'un objet, d'un immeuble quelconque par l'emprunteur n'a d'autre

raison d'être que de permettre au prêteur
de recouvrer au cas échéant le montant de
sa créance. Qu'à l'échéance le débiteur ne
soit pas en mesure d'éteindre sa dette, le
créancier usera de son droit de propriété et
*réalisera*, s'il le juge à propos, la « garantie » de sa victime.

Il ne se passe pas de jours, hélas! où l'on
n'ait à constater des vols de cette nature.
Des Arabes, des colons, des négociants,
voire même de simples particuliers, subissent le joug de la *vente à réméré*, sorte de
dépossession opérée à la faveur des facilités d'aliénation introduites dans nos lois.
On objectera que des agents d'affaires européens se livrent aussi à ce honteux commerce. C'est vrai, mais ils n'en sont que
plagiaires et n'ont pas le triste mérite de
sa première mise en pratique dans la colonie.

Un autre genre de prêt est celui sur la
récolte, variété de vente à réméré. A « l'é-
poque des céréales », des courtiers juifs les
accaparent et s'en servent comme agiot
dans la grande Bourse qu'est le négoce européen. Rien ne leur est donc indifférent

dès l'instant où ils satisfont à leur désir de capitaliser. Aussi ont-ils accumulé des ruines depuis la conquête de l'Algérie et rien ne fait prévoir qu'ils ne continueront pas leur œuvre de vampire si une réglementation spéciale et des mesures énergiques ne sont prochainement ordonnées par les pouvoirs compétents.

La terre de liberté qu'est notre possession Nord-Africaine pour une race d'individus chassés de tous lieux, maltraités, avilis, a récolté les fruits de sa trop large hospitalité. Le nombre des juifs s'est augmenté des infiltrations du Maroc, de la Tunisie et, aujourd'hui, ils sont disséminés dans toute la colonie qu'ils s'habituaient à considérer comme leur fief depuis le décret de 70.

Cet aperçu rapide de la cupidité hébraïque sous ses formes les plus usitées, explique les haines soulevées contre elle. Mais Crémieux, en conférant des droits politiques à la masse illettrée de ses coreligionnaires, les a voués au mépris des Français de cœur et d'origine. Car à côté du danger économique naissait parallèlement un danger non moins redoutable, le danger politique.

*
* *

Les consistoires ont achevé l'œuvre du décret. Ils embrigadent le corps électoral et le font voter pour le candidat de leur choix. Le libre arbitre de tous qui devrait être la base du suffrage universel, fait place à celui de quelques puissants, des financiers et des agioteurs, de sorte que les électeurs *français* sont à la merci du bloc formé par ces *naturalisés*. Il est incontestable que l'exercice du vote ainsi compris est contraire au principe du mode électif.

Un correspondant algérien de la *Revue de Paris* a signalé ce danger :

Les israélites, écrivait-il, sont conduits au scrutin par le président du consistoire, et votent tous dans le même sens, suivant ses indications : il faut limiter les attributions des consistoires israélites d'Algérie, puissance avec laquelle non seulement les corps électifs, mais le gouvernement lui-même sont obligés de compter. Il faut les obliger à se renfermer dans leur rôle purement religieux, car ils se départissent trop souvent de la réserve nécessaire pour s'adonner à une action politique provoquant des représailles dont la gravité n'échappe à personne.

On a aussi revisé les listes électorales et rayé de ces listes les israélites étrangers indûment inscrits. Ne sont tenus pour israélites algériens bénéficiant du décret Crémieux que ceux-là seuls qui ont justifié de leur indigénat en 1871. La revision s'est faite par application d'une circulaire du gouverneur, du 15 décembre 1896, concertée avec le ministre de l'intérieur; elle a amené la radiation définitive, après arrêt de la Cour de cassation, de quinze cents israélites sur environ neuf mille inscrits, soit une radiation sur six inscriptions. On voit quel intérêt il y avait à boucher les fissures par lesquelles se glissent les israélites des autres pays musulmans, Marocains et Tunisiens.

Il reste environ sept mille cinq cents électeurs israélites. La proportion, par rapport à la population française ou naturalisée, est de 1 à 7 ou de 1 à 9 (on m'a donné des chiffres assez variables). C'est donc une minorité. Mais cette minorité peut, en se portant dans un sens ou dans l'autre, décider du résultat. En mêlant les israélites algériens à nos luttes politiques, en faisant d'eux l'appoint et l'enjeu de la partie électorale, le décret Crémieux leur a fait un présent funeste.

... Pour nous, eut dû ajouter l'auteur.

La conséquence de cette solidarité a longtemps été la prépondérance de la juiverie,
l'appropriation de tout à sa dévorante con-
voitise. S'étant en partie rendue maîtresse de la fortune publique, il ne lui restait qu'à développer ses goûts de plouto-
cratie et de pharisaïsme.

Les riches, en effet, pour dissimuler l'o-
rigine de leurs trésors, eurent pour leurs
coreligionnaires de la plèbe des apitoiements dont ils se firent une arme de domination. L'or qu'ils semaient pour acheter
des convictions (!!) était distribué par les
soins des consistoires, sous le couvert de
la religion et de l'humanité. Et les seuls
princes de la finance tiraient profit matériel de leur intervention indirecte dans le
jeu des luttes électorales, auprès des politiciens inespérément élus.

Du jour où ils furent maîtres du capital
*argent*, les juifs n'aspirèrent qu'à détenir
cet autre capital : *conscience*. Rien n'est
livré au hasard chez eux. Le *calcul* est le
grand moteur de leurs actes. Cette tendance
égoïste opposée à notre tendance généreuse n'est pas une des moindres diver-

gences de races qui les rendent inassimilables.

Les exemples foisonnent de désorganisations dues à leur influence. Et dans cette Algérie qui a été pour eux un admirable champ d'exploitation après avoir été leur champ d'asile, il nous a été donné d'apprécier leur amour pour la France, leurs vertus civiques et leur patriotisme.

Forts de ce titre de citoyen qui les juchait à notre niveau en les plaçant sous la protection de nos lois, ils cherchèrent à nous écraser de leur dédain, levant haut la tête devant nos malheurs, raillant nos misères, insultant nos femmes, participant à toutes nos prérogatives et demeurant fermés à tous nos progrès.

Non contents de parader en maîtres, de diriger le mouvement politique à l'aide du fameux « bloc » consistorial, ils décidèrent du sort des artistes dans nos théâtres, imposèrent leur volonté aux directeurs, éclaboussèrent de leur luxe insolent les pauvres hères ruinés par eux de la veille.

Mais on commençait à « en avoir assez », de ces fanfaronnades judaïques, et sur les lèvres erra ce cri de réprobation qui avait traversé les siècles :

« A bas les Juifs ! »

Flammarion a exprimé cette belle pensée.

Il est des familles de peuples plus susceptibles de culture, plus civilisées, plus éclairées, mais nous pouvons dire avec Humboldt qu'il n'en est pas de plus nobles que les autres. Toutes sont également faites pour la liberté qui, dans un état de société peu avancé, n'appartient qu'à l'individu, mais qui, chez les nations appelées à la jouissance de véritables institutions politiques, est le droit de la communauté tout entière. Une idée qui se révèle à travers l'histoire, en étendant chaque jour son salutaire empire, une idée qui, mieux que toute autre, prouve le fait si souvent contesté, mais plus souvent encore mal compris, de la perfectibilité générale de l'espèce, c'est l'idée de l'humanité. C'est elle qui tend à faire tomber les barrières que des préjugés et des vues intéressées de toutes sortes ont élevées entre les hommes, et à faire envisager l'humanité dans son ensemble, sans distinction de religion, de nation, de couleur, comme une grande famille de frères, comme un corps unique, marchant vers un seul et même but : le libre développement des forces morales. Ce but est le but final, le but suprême de la sociabilité, et en même temps la direction imposée à l'homme par sa propre nature pour l'agrandissement indéfini de son existence.

Oui, ce but est superbe, mais le rêve ébauché par Flammarion est un rêve de poète et de philosophe que la réalité dément en ce qui concerne le *juif algérien*.

Monsieur V....., une des plus belles intelligences de l'époque, nous exposait brillamment une autre théorie, celle de l'esprit scientifique l'emportant sur l'esprit de réaction, et il nous reprochait de favoriser ce dernier en proclamant la nécessité de la revision du décret de 70, en ce qui concerne les droits électoraux.

Le juif, d'après lui, est fatalement républicain parce qu'il doit à l'application des principes de 89 son émancipation, sa personnalité. La garantie de son républicanisme, c'est son intérêt même, résultant de son indépendance et de sa sécurité. Lutter contre la République, c'est vouloir tomber dans la réaction dont il a souffert et dont il souffrirait. Consultons l'histoire, nous disait-il, et nous verrons à quel degré de servage le juif était réduit. En le libérant de cette sujétion, nous nous sommes acquis sa *reconnaissance*.....

Là, nous attendions notre interlocuteur. L'idée de reconnaissance implique celle de libéralité. Or, il n'est pas de plus grand égoïsme que celui des Israélites algériens. Qu'entre eux ils pratiquent le sentiment de solidarité (la chose est d'ailleurs discutable, car la plèbe juive est la plus miséreuse qui existe) c'est possible, mais que, déloyalement, ils ne combattent pas les chances de prospérité de leurs concitoyens, c'est ce que M. V... ne saurait prouver et par conséquent soutenir.

S'il avaient toujours considéré la vie comme une lutte à armes légales et courtoises, ils n'eussent pas été l'objet de séculaires bannissements. Et maintenant qu'une nation leur a offert de les réhabiliter en les élevant jusqu'à elle, ils suivent religieusement les errements du passé, n'acceptent les bienfaits de la civilisation que pour mieux en exploiter les produits, au profit de leur instinct héréditaire d'accaparement.

« Plusieurs générations réforment à peine

les instincts acquis et transmis », écrivait Balzac. Le statut personnel des juifs algériens en est la plus frappante démonstration. Leurs coreligionnaires de la métropole sont fondus dans la masse, noyés dans le nombre, et modifient au contact immédiat des Français de France leur mentalité première. Les israélites coloniaux vivent au contraire dans une communauté étroite de sentiments et se groupent par affinité autour de leurs synagogues. L'indécentralisation de leurs habitudes aide à la perpétuation des traditions rabbiniques, du dogme talmudien, lequel est antisocial, par conséquent anti-républicain.

La théorie de M. V... est en tous points logique quant à la forme, non quant au fond.

Les juifs algériens n'ont que des apparences de respect pour le gouvernement qui les régit, mais ils ne sont pas plus dignes d'être citoyens français que la plupart des étrangers dont la seule origine indique les tendances réactionnaires.

Aux sophismes de M. V... nous opposerons cet argument présenté par l'algérien de la *Revue de Paris* :

Est-ce à dire que dans l'avenir le rapprochement de ces groupes soit impossible ? Assurément non. Mais c'est une œuvre de longue haleine, qui demandera peut-être des siècles. A vouloir brusquer le mouvement, on l'entrave. Les Romains assimilaient mieux parce qu'ils ne professaient pas de théories et laissaient faire les choses. Ils n'ont pas contraint les Gaulois d'entrer dans la cité romaine : ils ont attendu, pour leur accorder cette faveur, qu'on la leur demandât, qu'on les en suppliât. La nature sait mieux que nous par quelle voie se produira, si elle doit jamais se produire, l'évolution qui transformera étrangers, juifs et arabes en *citoyens français.*

Faisons comme les Romains, attendons qu'on nous *demande* d'être Français, qu'on nous *supplie* d'accorder cette distinction. De la prodiguer, elle perd de sa valeur et nous y perdons de notre autorité. Le moyen le plus sûr d'aider à l'évolution scientifique, que M. V... oppose à juste titre à l'esprit de ténèbre, c'est de procéder prudemment, progressivement dans la voie des naturalisations. Qu'on agisse par décret individuel, non par décret de 70 ou loi de 89. L'expérience dicte cette nécessité de réparer des erreurs commises à la légère. Nous n'avons qu'a envisager ce qu'ont pris de nos usages, de nos mœurs les israélites algériens pour reconnaître combien peu ils sont préparés à être *citoyens français*. On objectera que sur les bancs de l'école, les enfants juifs s'assimilent les préceptes enseignés par nos maîtres. Mais on évite de reconnaître qu'au sortir de cette école l'enfant retombe dans le milieu délétère de la famille où seules sont pratiquées les règles du Talmud.

Qu'on ne s'y trompe pas, malgré les avances faites il y a trente ans aux israélites, il y a eu de leur part bien peu d'efforts de tentés en vue d'une amélioration. Ils sont donc juxtaposés à nous et non fondus en nous. Cette juxtaposition anémiante en raison de son parasitisme n'explique-t-elle pas le mouvement d'humeur de la colonie cherchant à s'affranchir d'une des entraves qui paralysent sa marche en avant?

Mais grisés par la fortune qui, sous toutes ses formes, avait souri à la plupart d'entre eux, croyant à la durée de leur

puissance étayée par des années de domination politique et les richesses dues à
l'usure, les *Français* du décret Crémieux ne
crurent pas à la répercussion de ce cri : A
bas les juifs ! qui montait de la rue. Or, il
en eut une considérable. Les événements
de 84 vont en témoigner.

# III

## L'ANTISÉMITISME ALGÉRIEN

### *Troubles de* 1884

Il est de tradition chez les conscrits algériens d'organiser une fête pour leur départ. Le 27 juin 1884, un groupe de jeunes gens de la classe 83 se réunissaient à cet effet dans une des salles de l'Hôtel-de-Ville, sous la présidence de M. Belvert. Au début de la réunion, M. Cavallié priait le président de donner lecture d'une pétition demandant que, seuls, les conscrits accomplissant leur service en Algérie fissent partie de la commission de la fête. Or, les conscrits israélites étaient envoyés dans la métropole. La conclusion est toute indiquée, ils étaient exclus de ladite commission. Alors, des protestations s'élevèrent et l'épithète malheureuse de « sales Français » ayant été lancée par les juifs, il s'ensuivit une bagarre qui commença dans la cour intérieure de la Mairie et se continua sous les arcades du Boulevard de la République.

La puissance provocatrice, arrogante des juifs venait de recevoir un premier croc en jambe.

La Presse fit grand bruit autour de cet incident et la population en lut le récit avec des frémissements de colère. Comment, des naturalisés enrichis aux dépens de la France insultaient à l'origine de ses enfants? Des juifs, *parias* de la veille, *citoyens* d'aujourd'hui, possesseurs du jour au lendemain d'une devise et d'un drapeau, élevés à la dignité d'hommes libres alors qu'à travers les siècles ils n'avaient cessé d'être méprisés et bannis, bafouaient publiquement le pays qui les affranchissait de l'esclavage? C'en était trop. Et toute la rancune amassée depuis quinze ans dans le cœur des Algériens s'exhala dans un :

« A bas les juifs » plus gigantesque que les précédents.

« A bas les juifs! » fut donc le cri des consciences révoltées et il erra de bouche en bouche jusqu'au lendemain soir, où la manifestation prit un caractère plus alarmant.

Des bruits ayant couru dans la journée qu'il y aurait du « nouveau » à l'heure où l'orchestre municipal jouerait au square Bresson, une foule innombrable envahit la place du grand théâtre. Tandis que finissait le chœur de la « Esmeralda » chanté par la « Lyre », un strident : Vive la France! retentit dans le silence relatif du jardin. Était-ce un signal? Pressentant un danger, les juifs s'enfuirent vers leur quartier général de la rue Randon, poursuivis par des bandes de jeunes gens décidés à venger l'injure de la veille. Les bandes grossissaient de minute en minute et ce fut un torrent humain qui dévala la descente de la rue de la Lyre.

L'intervention de la force armée dissipa la manifestation au débouché de la place du Gouvernement et, à minuit, la ville redevint calme.

Le dimanche, la manifestation se changea en émeute. La population saine d'Alger avait jeté son cri, ce fut le tour de ceux qui vivent en marge de la société, et l'éventrement des magasins commença.

Les troupes, consignées en prévision de troubles, quittèrent leurs quartiers respectifs et la ville fut occupée militairement. La foule, rue Bab-Azoun et boulevard de la République, devint de plus en plus compacte. Des charges de cavalerie repoussèrent les manifestants. Le soir, la brutalité d'un colonel de gendarmerie aggrava la situation et on aurait eu à déplorer de regrettables incidents si le maire et quelques conseillers n'étaient intervenus pour disperser les attroupements. Vers minuit, il ne restait place du Gouvernement qu'un groupe de deux cents Français discutant des moyens à employer pour obtenir une réparation de l'injure de l'avant-veille, réparation qui aiderait au rétablissement de l'ordre. A ce moment, le même officier ordonna une charge sans que les sommations d'usage eussent été faites. Un citoyen fut blessé grièvement, d'autres culbutés et piétinés par les chevaux reçurent de nombreuses contusions. Cet acte de sauvagerie et de flagrante illégalité souleva l'indignation publique. Il ne fallut rien moins que cette proclamation municipale pour calmer la population :

Citoyens,

D'accord avec les Membres du conseil,
Je fais appel à votre raison.

Les manifestations tumultueuses qui se renouvellent depuis trois jours dans les rues d'Alger doivent avoir une fin ; en continuant, elles feraient un tort irrémédiable à tout ce que nous aimons :

A notre Algérie, dont la France sera portée à juger sévèrement les passions et les susceptibilités locales.

A la République qu'on accuserait d'être un Gouvernement de violence et de trouble.

A vous-mêmes et à vos familles que peuvent atteindre des incidents ou des malheurs graves.

Donc, au nom de ce que vous avez de plus cher, au nom de l'Algérie, au nom de la France, au nom de la République, au nom de vos familles, je vous adjure, Citoyens, de ne plus encourager, par votre concours ou votre présence, ceux qui auraient intérêt à perpétrer les scènes de désordre dans la rue.

Persuadé qu'on ne s'adresse jamais en vain à votre sagesse et à votre patriotisme, c'est sur vous seuls, Citoyens, que je compte pour assurer le maintien de la tranquillité publique.

Alger, le 30 juin 1884.

*Le Maire :* GUILLEMIN.

On fit remonter la responsabilité des actes commis par l'autorité militaire jusqu'au Préfet qui ordonna à la troupe de « marcher. »

Durant cette journée, diverses manifestations eurent lieu sur différents points de la ville. La place de Chartres, où s'édifient des boutiques ambulantes de juifs, demeura veuve de ses baraquements en prévision d'une inévitable mise à sac, mais place Bresson, un ouvrier eut l'épaule traversée d'un coup de baïonnette.

Avec cette tendance à l'exagération qui est la caractéristique des époques d'émeute, on fit courir le bruit qu'on « assassinait les Français. » Le lendemain, ces alarmantes nouvelles, répandues habilement par des meneurs intéressés à ce que l'agitation persistât, soulevèrent évidemment bien des colères. Le magasin de quincaillerie Cohen, rue Bab-el-Oued, que son propriétaire s'obstinait à tenir ouvert, fut saccagé, ainsi que le bazar Mantout, mis au pillage par un groupe d'individus fort nuancés d'origine.

Le président du Consistoire, ému par l'extension et l'intensité du mouvement antisémite, adressa au maire cette protestation :

Alger, 1er juillet 1884.

Monsieur le Maire,

Le Consistoire, au nom de la population israélite tout entière, vient protester contre les propos qui sont prêtés à quelques-uns de ses coreligionnaires restés inconnus.

Si ces propos ont été tenus, notre devoir est de les désavouer énergiquement.

Par affection, autant que par reconnaissance, nous affirmons solennellement notre dévouement filial à la France et à la République.

Veuillez agréer, monsieur le maire, l'assurance de notre considération distinguée.

*Les Membres du Consistoire,*

*Signé* : J. STORA; J. LÉVI BRAM; S. VAISSE; DAYAN.

Quoique tardive, cette lettre n'en constituait pas moins une sorte d'amende honorable qui donnait un commencement de satisfaction à la population française d'Alger.

Mais il était dit que les provocations de l'autorité sous toutes ses formes, à l'encontre des attroupements les plus pacifiques, sèmeraient la discorde. C'est ainsi que, le soir, un sergent de douane prit le fusil d'un zouave et en menaça la foule. On aurait lynché ce téméraire gabelou si les agents ne l'avaient immédiatement protégé. La nuit mit un baume sur les blessures populaires et, au réveil, une lassitude vaste succéda aux irritations les plus fortes. Le besoin de crier vive ou à bas quelque chose ou quelqu'un, faisait place à un désir profond d'isolement et de silence. Les événements s'étaient par trop précipités, ahurissants en leur spontanéité, irrésistibles en leur choc. Le calme des lendemains de crise ressaisit les esprits les plus inquiets et la ville, dès lors, reprit son aspect habituel.

Tels sont, dans leurs grandes lignes, les

incidents désignés sous le nom de « Troubles de 84 ».

*
* *

Les « Troubles de 84 » eurent d'immenses répercussions. Le sentiment d'hostilité contre les juifs s'accentua. On se rendit un compte plus exact de leurs agissements, un contrôle méticuleux fut établi de leurs menées et de leurs gestes. A Alger, Oran, Constantine, des journaux antisémites furent créés pour combattre leur influence. Une lutte sans merci s'engagea entre deux groupes sociaux : les Européens algériens d'une part, les israélites algériens de l'autre. Ces derniers eurent des défenseurs dans la Presse et les polémiques prirent un caractère si aigu qu'elles déchaînèrent dans les esprits des passions violentes, vivaces, farouches. A Oran, où les juifs marocains abondent, des conflits éclatèrent à tous propos.

M. de Foucaud a tracé de ces derniers ce portrait peu flatteur :

« Ce sont des paresseux et des efféminés.

Ils ont tous les vices, toutes les faiblesses de la civilisation sans en avoir aucune des délicatesses. Parler d'eux favorablement, serait altérer la vérité. » On ne saurait nier l'autorité de cet auteur ni mettre en doute un pareil témoignage. Ce jugement sur des êtres aussi antipathiques, légitime donc la rude intervention des Français de l'Oranie dans les différends qui furent la conséquence des troubles de 1884.

D'ailleurs, la colonie entière comprit qu'il y avait là un péril imminent. L'avancement méthodique de quelques milliers d'israélites indigènes dans la voie de l'accaparement général finit par inquiéter les esprits et de vigilants gardiens de nos prérogatives poussèrent le cri d'alarme au moment opportun. A Alger, M. de Redon soutint vaillamment la bannière antisémite arborée par Fernand Grégoire. A Constantine, Messieurs Morinaud, Réjou, Masson menèrent grand train contre les heureux bénéficiaires du décret Crémieux. A Oran, M. Irr, conseiller municipal, sonna le branle-bas de bataille. Le soulèvement des consciences devint général.

L'impunité dont jouissaient les juifs malgré leur forfaiture à l'honnêteté, leur faisait envisager en pays conquis l'Algérie, théâtre de leurs exploits. Endiguer cet entraînement, c'était aller à l'encontre de leur idéal d'égoïsme. Aussi reçurent-ils le mot d'ordre des Consistoires de conserver les positions acquises. Mais ils ne s'en tinrent pas à cet avis. Confiants en leur influence, ils crurent à l'efficacité de l'exemple, et M. Irr devait être un des premiers à tomber sous leurs coups...

### *Troubles de 1897-1898*

Le 18 mai 1897, une douzaine de cyclistes oranais assistaient à des courses données par le Velo-Club mostaganénois. Le soir, après avoir fraternellement banqueté avec leurs amis, les Oranais visitèrent les différents quartiers de la ville, suivis de loin par une bande d'israélites dont ils ne soupçonnaient pas les intentions. Mais au détour d'une rue, ils furent entourés par eux, et M. Irr, connu pour ses opinions antisémites, était aussitôt frappé au ventre d'un violent coup de couteau. Un autre cycliste eut le bras droit lardé et ses camarades furent malmenés à leur tour malgré leur énergique défense.

La nouvelle de ce lâche guet-apens se répandit aussitôt en ville. L'émotion qu'elle souleva fut considérable. La population n'eut qu'un cri : A bas les juifs! Et, le soir, la synagogue fut mise à sac, des devantures furent défoncées.

L'indignation des Mostaganénois eut un écho puissant à Oran, Alger et Constantine.

Les Oranais, plus particulièrement affectés de la tentative criminelle dont quelques-uns des leurs avaient été victimes, manifestèrent bruyamment dans les rues. Des magasins furent envahis par un flot hurlant d'antisémites dont le nombre s'augmentait d'unités demeurées jusqu'alors indécises. Comme dans tous les mouvements de cette nature, des perturbateurs étrangers, espagnols la plupart, mirent une ardeur incroyable à la destruction des boutiques et des kiosques. Quelques charges et des patrouilles rappelèrent au calme les démolisseurs, mais ne désarmèrent pas les passions populaires. Le lendemain et les jours suivants, le désir de vengeance s'épandait dans toute l'Oranie. A Aïn-Témouchent, à Inkermann des synagogues furent saccagées ; à Bel-Abbès, plusieurs maisons juives subirent le même sort ; à Relizane, à Saïda les israélites furent bloqués dans leurs ghettos par une nuée d'Arabes venus des environs. L'attitude ferme des autorités évita de sanglantes représailles.

Cette fièvre de nos voisins de l'Ouest gagna les deux provinces, mais principalement Alger où, déjà, « l'affaire Dreyfus » avait eu un violent contre-coup.

La capitale, en effet, n'était pas demeurée insensible au mouvement occasionné dans la métropole par « l'affaire » traînée en longueur. Nos « escholiers » les premiers exprimèrent leur dépit en repoussant les étudiants juifs du sein de leur association, dès la fin de l'année 96.

Un autre incident devait susciter une véritable levée de boucliers de la part de la « jeunesse des écoles ». Nous en empruntons le récit à notre brochure *Troubles d'Alger*, parue le 9 juillet 1898.

A la rentrée des Facultés, le 1ᵉʳ novembre 1896, quelques journaux d'Alger s'émurent de la nomination à l'École de Droit de M. Lévy, chargé du cours de Droit romain, *admissible* seulement à l'Agrégation.

Les étudiants, respectueux de l'autorité, ne protestèrent tout d'abord pas, mais résolurent, à la première occasion, de se débarrasser de ce professeur juif.

Or, il existe dans les statuts de l'Association un article d'après lequel tout nouveau professeur, sans qu'on lui ait préalablement rendu visite, est considéré comme membre honoraire de la société. Mais comme ladite Association est avant tout antijuive, elle considéra que l'article précité n'était nullement applicable à M. Lévy, d'où naquit un conflit.

L'encaisseur de l'Association, d'après les instructions du recteur M. Jeanmaire mis au courant des intentions des étudiants, présenta la quittance de membre honoraire au professeur, qui en paya le montant.

Quand cette nouvelle parvint au bureau de l'Association, ce fut un tollé général, et l'on décida de ne pas accepter l'argent de M. Lévy.

M. Jeanmaire, en présence de cette décision

énergique, fit mander le président, l'engagea à ne pas tenter de démarche personnelle auprès de son protégé et promit de lui donner dans les huit jours pleine et entière satisfaction.

Il était donc évident que le Recteur devait remettre sa cotisation au professeur et lui faire, de son plein gré, signer sa démission de membre honoraire.

La semaine s'écoula et aucune mesure ne fut prise. Les étudiants, se croyant à juste titre joués, manifestèrent leur mécontentement, quand, un matin des premiers jours de janvier 1897, Lévy prononça au milieu de son cours les paroles suivantes :

« Je me place au-dessus de beaucoup de gens et de beaucoup de choses. »

L'allusion était directe et le doute n'était plus permis. Alors commença le « chahut » qui s'accentua quand le professeur, l'écume aux lèvres, s'écria : « Tas de voyous ! »

Le cours fut interrompu, M. Lévy se retira, la guerre était déclarée.

Le soir du même jour, l'Association se réunit en assemblée générale et il fut décidé qu'on demanderait des excuses ou la démission. En outre, il fut convenu que le lendemain, aurait lieu un monôme de protestation au moment où Lévy ferait son cours.

Mais la mèche fut éventée et tandis que le monôme arrivait devant l'amphithéâtre, il s'aperçut que la porte en était hermétiquement close.

D'un coup d'épaules solides la porte sauta en éclats et le monôme fit irruption dans la salle où il se trouva en présence de M. Lévy, flanqué, à droite, de M. Jeanmaire, et, à gauche, de M. Dujarrier, directeur de l'École de Droit.

L'exaspération fut à son comble. On conspua recteur, directeur, professeur. Les sifflets stridèrent, les cris redoublèrent quand, au milieu de cet infernal tapage, un « tas de lâches! » lancé par M. Lévy, se fit entendre. La colère des manifestants n'eut pas de bornes. Cette insulte jetée à la face de tous demandait une immédiate réparation. Mais le professeur s'enfuit par une porte dérobée, échappant ainsi à la fureur qu'il avait déchaînée.

Le lendemain, les Facultés étaient fermées et gardées *manu militari* et nos « escholiers » décidaient la grève...

Elle dura huit jours. Durant cette semaine, le Recteur s'érigea en justicier et fit comparaître dix-sept étudiants devant le Conseil supérieur des Écoles, tandis qu'il envoyait des lettres de menaces aux familles, procédé illégal, antiréglementaire, qui mécontenta presque tous les professeurs.

Les... inculpés, les fauteurs, les meneurs, se rendirent à la *gracieuse* invitation de M. Jeanmaire et quinze d'entre eux furent *acquittés*.

Seuls, les frère Milano furent *condamnés* : Louis à six mois d'interdiction de cours, Maximilien à deux ans.

Cette mesure souleva l'indignation de tous les étudiants et le « boucan » recommença sous forme de monômes, de formidables « Conspuez Lévy ! », de revues passées devant les Facultés sous l'œil de la maréchaussée et de réunions tapageuses au café ou l'Association tenait ses assises.

Le différend en était à l'état aigu au moment où une dépêche ministérielle apprit que M. Lévy serait rappelé en France. Cette nouvelle mit fin à la grève. Les cours furent repris et tout rentra dans l'ordre.

Mais cette insubordination de la « jeunesse des écoles » devait avoir du retentissement dans les foules.

L'intervention, à plusieurs reprises, des municipalités d'Alger et de Mustapha, du préfet et de la police dans le conflit entre Académie et étudiants, avait donné au débat une sorte de gravité officielle qui ne devait pas échapper au public. Ce public prit la défense des « escholiers », se passionna pour leur cause et, à son tour, conspua Lévy.

Maximilien-Régis Milano, (italien naturalisé, né à Sétif, que par abréviation nous appelerons Max-Régis), ne pouvant reprendre les cours de droit que dans deux ans, songea à utiliser ce délai et fit revivre le journal l'*Antijuif*, fondé par M. Eugène de Redon. Grâce à l'impulsion donnée par un organe d'Alger au jeune étudiant, sa popularité grandit de jour en jour. De sorte que sans effort, par le jeu naturel des évènements, il se trouva à la tête du *nouveau* mouvement antisémite. Mais il est loin d'en être le créateur. De brillants polémistes avaient traité du péril hébraïque avant qu'il n'en soupçonnât l'existence.

Dans l'intérêt de la vérité et dans cette œuvre purement d'histoire, il faut réduire à ses justes proportions une réputation usurpée à bien des titres. L'expérience est un grand maître. Et si le sentiment qui anime l'auteur de l'*Algérie française* s'est modifié par rapport à celui qui animait le même auteur des *Troubles d'Alger*, on ne peut s'en prendre qu'aux individualités qui devaient par la suite épouvantablement tromper le « Peuple », dont ils ne cessaient de se réclamer.

Cette digression s'imposait avant d'entreprendre le récit des évènements qui ont illustré les années 1898-1899. Nous nous y attarderons davantage que sur les manifestations de 1884 et celles de Mostaganem et d'Oran, car ils ont des conséquences d'une portée plus haute dont bénéficiera l'Algérie, si le Gouvernement veut en comprendre les suprêmes leçons.

### *Troubles d'Alger.*

« Rendre hommage aux morts est la définition d'un état d'âme fait de pitié et d'amour, mais rendre hommage à *certains* morts, constitue l'affirmation d'un principe, quand ces morts ont été les martyrs d'une idée. » Nous écrivions ces lignes l'année dernière au sujet de Fernand Grégoire, enterré à Mustapha-Supérieur.

Le 27 septembre 1897, cinq mille Algériens célébraient l'anniversaire de ce publiciste qui, dans le *Radical*, avait durement fustigé les Juifs, mais simplement, sans emphase, et... honnêtement surtout.

Le préfet, M. Granet, fit dissiper par la gendarmerie cette manifestation cependant pacifique. Régis protesta. Le commissaire

Jénot le fit arrêter et le maintint jusqu'au soir. C'était de l'arbitraire. Le sentiment auquel obéissait cette foule jusqu'alors silencieuse, recueillie, était par trop naturel pour qu'il motivât l'intervention de la police. Aussi le mécontentement fut-il général et c'est au cri désormais adopté de : A bas les Juifs ! que la rentrée se fit en ville.

M. Granet, comme le sous-préfet Isaac, avait eu « sa journée », mais les Algériens avaient perdu la leur et le dimanche suivant, 4 octobre, ils reprirent le chemin de Mustapha, porteurs de couronnes, de fleurs. Pour la deuxième fois, l'accès du cimetière leur fut interdit. Alors, ils se replièrent en bon ordre vers le champ de manœuvres où ils furent impitoyablement chargés.

C'en était trop. Des colères s'amassaient, des fronts se plissaient, des mains se crispaient, car on sentait que sous les provocations de la force publique se dissimulaient les railleries des israélites. Cette certitude affolait les esprits.

La question juive, comme en 1884, revenait à l'ordre du jour. Il n'avait fallu que les prétextes de « l'affaire Lévy » et de l'attentat du préfet contre le culte des morts, pour déchaîner les passions.

Nous avons signalé les tendances antisémites des étudiants. Le rôle qu'on attribua à Zola dans « l'affaire », fit s'affirmer chez nos intellectuels la haine de l'israélite et ils tentèrent de brûler en effigie l'auteur des Rougon-Macquart. M. Dujarrier, directeur de l'École de Droit, intervint, et la police opéra quelques arrestations. Conduits au commissariat de Mustapha-Inférieur, les... prévenus furent accompagnés par leurs camarades qui formèrent un monôme sur le champ de manœuvre. Traqués, poursuivis, ils réussirent à rentrer en ville où les *vrais troubles* allaient éclater. Ayant été particulièrement en jeu dans cette première journée du 19 janvier 1898, nous laissons à un de nos confrères le soin d'en décrire les péripéties.

. . . . . . . . . . . . . . . . .

Les nombreux promeneurs, habitués des arcades, se joignirent en partie aux manifestants qui, arrivés sur la place du Gouvernement, décidèrent, en un conciliabule hâtif, d'aller rue de la Lyre conspuer les innombrables juifs qui habitent ce quartier.

La manifestation devenait de plus en plus houleuse. Les cris de : « A bas les juifs ! » s'échappaient de toutes les poitrines tandis que les magasins fermaient avec précipitation.

A ce moment (il était 5 heures et demie), le gros de la manifestation arrivait en haut de la rue de la Lyre, quand la voiture contenant nos collaborateurs Sicard et Castéran fut séparée du groupe par une tourbe de juifs qu'on peut évaluer au nombre de cinq cents, sortis des rues du Lézard, Benachère, Porte-Neuve, d'Oran, Solférino et Palma.

Pendant qu'une vingtaine de ces misérables retenaient les chevaux de la voiture et empêchaient nos amis de remplir leur devoir de journalistes, les autres les lapidaient, alors que des lames de couteaux luisaient dans la pénombre, menaçant Castéran et Sicard. Faisant face aux lâches assaillants et sans perdre une minute de leur sang-froid, nos confrères se défendaient à grands coups de canne, balafrant la figure d'une douzaine d'agresseurs.

En présence de cette résistance énergique, un de ces bandits, dont le nombre grossissait toujours, jeta un pavé énorme en pleine poitrine de Castéran. C'est à un hasard absolument miraculeux qu'il a dû de ne pas avoir la tête fracassée, car au moment où ce projectile lui était décoché il était debout, se défendant contre cinq ou six juifs qui cherchaient à le jeter à bas de la voiture.

A cette minute, l'aspect de la bagarre était terrifiant. Les juifs criaient : *A mort les Français! A bas la Presse!* Cependant que des étages des maisons pleuvaient toutes sortes de projectiles. Il est relevé, d'ailleurs, dans le rapport de police, qu'au numéro 6 de la rue de la Lyre, des femmes juives jetaient de l'huile bouillante sur la voiture de nos confrères, en même temps que d'infects descendants de Judas *urinaient* par les fenêtres! (*sic*).

Au même instant, une brigade d'agents de police arrivait au pas de course — et il était grand temps — pour dégager la voiture et sauver la vie irrémédiablement compromise de nos collaborateurs.

Sicard ayant reconnu le lâche agresseur qui avait jeté le bloc de pierre sur son camarade Castéran, s'élança dans la foule, se précipita sur lui, le maintint jusqu'à l'arrivée des deux agents Laffargue et Garcin et du brigadier Pernot, dont nous ne pouvons que louer la conduite en la circonstance.

Sur ces entrefaites, le groupe des manifestants ayant été prévenu de l'abominable attaque dont les membres de la Presse venaient d'être l'objet, revint sur ses pas, décidé à venger l'outrage fait à nos amis.

Quelques cris de : *Mort aux Français !* étant encore poussés par les énergumènes juifs, une bagarre s'ensuivit, mais de courte durée, grâce à l'intervention de la police.

Le juif qui attenta à la vie de Castéran est un nommé Teboul Abraham, âgé de 32 ans, représentant de commerce, demeurant impasse Sainte-Philomène, n° 4.

Immédiatement conduit au commissariat central, Teboul a été très heureusement protégé par les agents contre la foule qui voulait le lyncher.

Cette agression venait à peine de se produire que déjà le bruit s'en répandait en ville.

La voiture de nos collaborateurs qui, tandis que s'opérait l'arrestation de Teboul, stationnait devant le marché de la Lyre, était entourée d'un nombre considérable d'amis venus en toute hâte prendre des nouvelles des assaillis. Un instant après, elle s'ébranla, suivie sur tout son parcours, rues Henri-Martin, Dumont-d'Urville et Bab-Azoun, par une foule énorme qui acclamait nos vaillants camarades.

Cet attentat ne devait pas rester impuni. Le lendemain, MM. Lépine, gouverneur, Granet, préfet, Paysant, commissaire central, étaient conspués par l'armée de plus en plus compacte des mécontents. Le gouverneur avait dit des Algériens qu'ils étaint des « voyous », le préfet était l'auteur principal des conflits existants, le Central opérait d'arbitraires arrestations. De là des rages qui se traduisaient par des vociféra- tions, partout où ne luisait pas encore l'a- cier des baïonnettes. Plusieurs Français furent blessés au cours de ces manifesta- tions et le cri de « mort aux assassins ! » circula par les rues. Altérée de repré- sailles, la foule brisa les devantures des magasins juifs, en mitrailla les vitrines et recommença le samedi 21. Des escadrons du 5e chasseurs d'Afrique, des compagnies du 1er zouaves, la gendarmerie, la police, toutes les forces d'Alger étaient mobilisées pour repousser le flot envahisseur de l'é- meute. La nuit, on incendia des kiosques, la grille de la synagogue de la place Randon fut jetée à bas, des cafés israélites furent saccagés. L'exaspération allait croissant. On sentait ce qu'avait d'impérieux la néces- sité de réagir contre les déloyales menées juives. Et ce besoin se manifestait le di- manche, 23, dans des proportions inusitées jusqu'alors, surtout quand on apprit qu'un père de famille, âgé de 32 ans, Félix Cayrol, venait d'être assassiné rue de la Lyre, que cinq autres citoyens avaient reçu des coups de matraque, de couteau, de stylet, de poignard.

L'après-midi, tout Alger était dans la rue. On pressentait qu'il y aurait du « nouveau » après les agressions de la matinée. En effet, *pas un* magasin, *pas une* boutique appartenant à des juifs n'échappa à la colère des manifestants. Le sol était couvert de chaussures, de chapeaux, d'étoffes. Le « carreau du Temple » dans ses plus beaux jours, n'eut jamais un tel assortiment de « rossignols », de friperies, d'oripeaux.

Le soir, des meneurs pour qui l'antisémitisme était prétexte à pillages et à vols, incendièrent des voûtes sur les quais et les « Fabriques des Vosges », rue Dumont-d'Urville. Place Bresson et rue de la Liberté, la cavalerie chargea la foule; la police, sabre au clair, poursuivant une bande de manifestants, la rejoignit rue Littré. Alors la mêlée devint générale. Sans l'arrivée d'une compagnie de zouaves, baïonnette au canon, et

l'intervention pacifique du commissaire
Faure, un excellent homme, le sang eût
coulé à flots.

Cent soixante-douze arrestations furent
opérées dans cette seule nuit du dimanche
au lundi.

Le 24, l'armée prit possession de la ville.

Alger parut en état de siège avec ses
théâtres fermés, ses cafés déserts, ses pro-
menades abandonnées. La garnison avait
été renforcée de turcos venus de Blida. Mais
ces précautions n'empêchèrent pas les ven-
geances de s'exercer. C'est ainsi qu'au retour de l'enterrement de Cayrol, la malheureuse victime de la rue de la Lyre, que plus
de dix mille Algériens accompagnèrent à sa
dernière demeure, trois juifs imprudemment sortis de leur quartier furent assommés par les manifestants. L'un d'eux ne sur-
vécut pas à ses blessures.

L'après-midi fut relativement calme. Il s'é-
coula en commentaires des événements. Des
bruits extraordinaires couraient de bouche en
bouche, exagérant la situation, semant chez les
esprits faibles la crainte d'émeutes sanglantes,
de soulèvements d'Espagnols et d'arabes.

Puis, avec la nuit, la ville reprit son silence farouche de cité en état de siège, troublé seulement par les pas des sentinelles et la rumeur des vagues déferlant contre les jetées du port.

Jusqu'à l'aube, rien ne troubla l'étrange solitude des boulevards et des rues, et c'est dans cette sorte de recueillement que la journée du 26 s'annonça comme pacifiée, comme dégagée d'un poids énorme, comme libérée d'une suggestion malsaine.

Alger parut reprendre son activité habituelle. Mais sous cette apparence de labeur, se dissimulaient encore des irritations.

A l'heure de « l'apéritif », on ne s'entretenait dans les cafés que des événements de la veille et des journées précédentes.

C'était un ahurissement général. On eût dit qu'on venait de vivre un mauvais rêve.

C'est alors que M. Samary, député d'Alger, télégraphia ce qui suit à M. Guillemin :

« Profondément ému événements algériens ; de cœur avec vous, Conseil et patriotique population française, prière télégraphier renseignements situation, en vue intervention possible. Suis disposition Municipalité. Sentiments dévoués.

« SAMARY. »

Le Maire répondit aussitôt en ces termes :

« Manifestation patriotique et très nettement

française, malheureusement suivie désordres, attentats, représailles réprouvés mais aggravés par provocations, mesures insuffisantes ou maladroites.

» Croyons troubles rues terminés, sommes unis à population française pour réclamer pouvoirs publics, solution rationnelle et obligatoire de la question toujours pendante dans les esprits.

» Votre intervention sera réclamée pour obtenir mesures gouvernementales, quand responsabilités seront fixées. »

En attendant, le mouvement antisémite s'accentuait, ralliant les indécis, exaspérant les plus timides, semant colère et indignation chez ceux-là même qui avaient été les premiers à protester avec énergie contre les manifestations.

La soirée fut aussi calme que l'avait été la journée; les soldats, campés en plein air, dormaient, enveloppés dans des couvertures, derrière leurs armes formées en faisceaux. Cet ensemble à la fois belliqueux et pacifique était d'un pittoresque achevé.

Le lendemain, des troupes « fraîches » circulaient en patrouilles dans les rues de la ville. Ces baïonnettes ambulantes des turcos, des zouaves et du génie, et ces flingots en bandoulière des chasseurs d'Afrique rappelaient seuls qu'Alger était encore sous le coup d'une surveillance étroite et que le policier Lépine et son coadjuteur Granet avaient juré aux juifs de les protéger et de nous mâter comme on mâte des « voyous (1). »

Voilà en résumé ce que furent les « troubles » de 1898 : une explosion de colère que les mesures de répression prises par un préfet malhabile prolongea au delà de toute limite. Mais nous aurons à signaler d'autres fautes qui devaient compromettre à jamais ce mouvement. En attendant, envisageons ses plus immédiates conséquences.

Monsieur Samary, député de la 1re circonscription, interpella les ministres de l'intérieur et de la justice au sujet des « troubles d'Alger ». Mais il échoua dans sa tâche, la métropole désapprouvant la colonie. Cet insuccès fut attribué au manque d'énergie de nos représentants et l'idée vint alors aux chefs du parti antijuif d'envoyer à la Chambre des hommes disposés à propager la nouvelle (!) doctrine. Il y avait là évidemment un gros problème à résoudre. Le Parlement n'était pas préparé à s'assimiler la théorie de l'antisémitisme et les politiciens de la métropole traitaient les Algériens de sectaires, croyant plutôt à une

_________
(1) « Troubles d'Alger ».

guerre confessionnelle qu'à un conflit de races. Il fallait donc éclairer la religion des députés français. Or, les élections législatives devant avoir lieu le 8 mai, il fut convenu qu'on proposerait au directeur de la *Libre Parole* la 1re circonscription. Régis se rendit à Paris à cet effet.

Ce choix déplut à beaucoup d'Algériens, car pour être antijuifs, ils n'en sont pas moins républicains et ils connaissaient les opinions réactionnaires et cléricales de Drumont. D'autre part, c'était infliger aux israélites une leçon méritée, que de leur imposer leur plus mortel ennemi comme représentant. Tandis que les commentaires allaient leur train, Régis partit de Paris avec la promesse que l'éminent polémiste viendrait à Alger prochainement poser sa candidature. Il ne fallait plus qu'assurer son succès, le *Gouverneur* et le *Préfet* s'en chargèrent...

Lors de son séjour dans la Capitale, Max avait prononcé à la salle Chaynes des paroles imprudentes. De retour à Alger, il ne songeait plus à cette réunion quand il fut un matin appréhendé au collet et conduit à la prison civile pour « apologie des violences et des attentats contre la propriété. » Des protestations s'élevèrent de toutes parts. Trois mille manifestants allèrent sous les murs de Barberousse réclamer la liberté du détenu. Le 1er avril, les femmes elles-mêmes tentèrent une démarche auprès du gouverneur. Au nom des journalistes, M. Laurens, directeur du « Télégramme algérien », essaya à son tour d'émouvoir le farouche proconsul. Vains efforts. Régis fut maintenu. On considéra ce refus formel de M. Lépine comme un abus de pouvoir. Il y avait dans cette façon d'agir un parti pris évident qui souleva d'unanimes récriminations contre le principe d'autorité. Mais les élections allaient donner à la population l'occasion d'une revanche. La candidature Drumont, en effet, gagna du terrain comme *candidature de protestation*.

A la nouvelle de l'arrestation de Régis, le directeur de la *Libre-Parole* devança son voyage. Le 3 avril, il débarquait à Alger avec MM. Jean Drault et Jules Guérin. Quarante mille personnes acclamèrent en lui l'homme qui a porté de terribles coups à la juiverie internationale. Le lendemain de son arrivée, il se rendit dans toutes les rédactions et convia les journalistes à un déjeuner intime qui eut lieu au Jardin d'Essai. M. Marchal, au dessert, prit le premier la parole. Sans ambages, après avoir fait part à Drumont des doutes qui planaient sur son républicanisme, il pria notre confrère de les affermir ou de les dissiper. Sa réponse à cette question nettement posée allait décider les plus indécis. *Il affirma solennellement être un parfait républicain et déclara qu'il le prouverait du jour où il siègerait à la Chambre.* Dès lors, le parti antisémite se dépensa au succès de sa candidature.

Pour l'intelligence de l'histoire, rappelons ce que nous écrivions à cette époque, sous le coup d'une impression que de longs mois et des félonies inattendues ont singulièrement altérée.

L'indication du résultat final de l'élection se précisa au « banquet des Voyous », donné au Splendid-Hôtel par tout ce qu'Alger compte d'honorable dans le commerce, le négoce, l'industrie, le barreau. Deux cents des plus considérables électeurs de la capitale s'étaient réunis autour de Drumont et acclamaient en lui le penseur et le merveilleux écrivain qu'ils allaient choisir comme député. Puis, après le repas, cette escorte digne d'un monarque, cette phalange d'hommes libres l'accompagna jusqu'au phare Caxine, traversant toute la ville dans une acclamation géante de la foule massée sur son passage.

De pareilles manifestations ne se décrivent pas, elles se vivent.

Les « voyous » d'Alger venaient de proclamer leur volonté de sortir de l'ornière, et cette proclamation portait le dernier coup à la puissance hébraïque.

Le 8 mai fut le couronnement de cette campagne.

Près de douze mille voix se groupèrent autour du nom de Drumont, manifestant par cette unanimité leur désir d'anéantir l'hydre du sémitisme.

D'autre part, Maréchal culbutait Mauguin et son parti dans la deuxième circonscription, Faure l'emportait à Oran sur Saint-Germain et Morinaud sur Cuttoli à Constantine, Ce fut donc un irrésistible courant d'opinion contre la race d'Israël qui aboutit à l'apothéose du parti antijuif.

Mais en l'enivrement du triomphe, on n'oublia pas les prisonniers de Barberousse et le mercredi, 11 mai, une nouvelle démarche fut tentée auprès du gouverneur.

Qu'on s'imagine Alger comme une ville morte, cependant qu'une foule innombrable attendait le passage des députés et de leur suite. Un silence de tombe planait sur la population, silence plus farouche que les révoltes de la veille, car il eût suffi pour la faire se soulever d'un signal convenu au sortir du palais de la place Malakoff, après surtout le refus formel opposé par M. Lépine aux demandes d'apitoiement de la cité entière.

Il y a eu, de la part de l'homme qui préside aujourd'hui aux destinées de la police parisienne, des entêtements funestes que rien ne motivait et qui auraient infailliblement déchaîné la révolution si quelques-uns de ceux qu'il traita méprisamment de « voyous » n'avaient été les premiers à prêcher le calme...

Le gouverneur ne s'étant pas laissé attendrir, Régis ne put assister, le 28 mai, au départ des députés antisémites. Les

« mousquetaires gris », comme on les désignait à cause de leur couvre-chef de cette nuance, s'embarquèrent sur le *Général Chanzy* de la compagnie Transatlantique. Ils emportaient le secret espoir de libérations prochaines dues à leur intervention auprès de M. Milliard, dès leur arrivée à Paris. Ils avaient formellement promis à la population que leur premier souci serait d'obtenir l'amnistie et le départ de M. Lépine. Aussi, avec l'éloquence qu'inspire toute conviction, plaidèrent-ils la cause des « incarcérés » de Barberousse dans leur entrevue du 8 juin, au ministère de la justice.

Les algériens attendaient dans la plus grande anxiété le résultat de ces démarches. Les abords de la prison civile étaient noirs d'une foule inquiète, mobile, fiévreuse. L'illégalité de la plupart des détentions rendait plus profond le désir des libérations immédiates. C'est ainsi que Regis vit naître d'heure en heure des sympathies nouvelles. Sa popularité se décupla dans les trois jours qui précédèrent sa mise en liberté. La difficulté apparente des effort tentés par les quatre messagers de l'idée antisémite, auréola d'un intérêt plus vif le captif de la Casbah. Toute l'attention se concentra sur lui et son nom erra sur les lèvres des plus sceptiques, enveloppé d'apitoiements réels.

Que de reconnaissance devrait Régis à ceux qui lui valurent cette irrésistible et soudaine poussée d'affection ! Inconnu de la veille, il devenait l'homme du moment, hochet des circonstances les plus heureuses qui aient jamais aidé à l'éclosion d'une célébrité.

Enfin la grande nouvelle arriva. Max était libre. Ce fut une explosion de joie sans égale qui emplit la ville d'une acclamation géante, quand Régis apparut sous le portique de Barberousse.

La date du lundi, 13 juin, demeurera dans la mémoire de tous comme celle d'une manifestation grandiose en l'honneur moins d'un homme que du principe qu'il paraissait symboliser. Oui, ce fut une journée inoubliable que celle du 13 juin 1898..... mais qui n'eut pas de lendemain.....

## Scission du parti antisémite.

Le mot *antisémite* est un terme impropre qui, bien à tort, est passé dans le langage courant. Les Arabes, les Phéniciens, les Syriens sont sémites au même titre que les Juifs. L'origine des sémites remonte à Israël, fils disgracié d'Abraham et celle des israélistes ou hébreux à Héber, ancêtre d'Abraham. D'ailleurs le mot juif lui-même (en latin Judæus, du royaume de Judas) ne date que de la captivité de Baby-lone.

Avant d'entrer dans le récit d'événements où reviendra souvent ce terme consacré par l'usage, nous tenions à faire cette distinc-tion, afin qu'on n'entende pas en outre par *antisémite* : hostile aux indigènes musulmans.

Ainsi donc, les actes frauduleux auxquels se sont livrés les Juifs ont donné naissance à l'antisémitisme, sorte de doctrine qui a ses partisans : les antisémites. Parmi eux, il en est que nous allons juger sévèrement, mais sans parti-pris. Ces jugements porte-ront plus sur les responsabilités encourues que sur les individualités mêmes. On trouvera paradoxal que nous fassions le procès de certains antijuifs après avoir reconnu dans les précédents chapitres qu'il existait un péril juif. Cela seul prouve que nous répudions les agissements de faux bons hommes qui se sont fait de l'antisémitisme un marche-pied pour atteindre aux fonctions publiques. Leurs actes trouveront dans le biographe de la veille (1), le critique d'aujourd'hui, dont la bonne foi a été surprise comme celle des douze mille électeurs du 8 mai 1898. La vie a de ces revirements et il ne faut jamais hésiter à reconnaître une erreur, quand par la franchise de l'aveu, on peut aider à la reconstitution de la Vérité.

Nous insistons sur ce point pour prévenir le lecteur contre les récriminations que certaines pages de ce volume ne manqueront pas de soulever. Mais fier de notre indépendance et jaloux des prérogatives qui s'y rattachent, nous voulons une fois pour toutes en finir avec des légendes qui

______

(1) « Troubles d'Alger »

discréditent l'Algérie et n'ont d'autre but que de la détacher de la métropole.

*
* *

Le 13 juin, jour de la libération de Max, un meeting réunissait, le soir, dix mille personnes au Vélodrome du Plateau-Saulières. Là, Régis fit cette solennelle déclaration :

« Ne croyez pas, mes amis, que l'ambition me guide. Je jure que je ne veux rien, que je ne serai rien, ni sénateur, ni député, ni conseiller général, pas même garde champêtre... »

Mais il devait être maire d'Alger.

Le conseil municipal, sur l'antisémitisme duquel on avait fondé quelque espoir, avait mal répondu à l'attente générale dans les séances qui suivirent la période des manifestations. On le vit avec surprise épargner le commissaire central Paysant et décerner un vote de confiance au gouverneur, M. Lépine. Mais cette surprise devint de l'ahurissement quand, à l'unanimité, il repoussa cet ordre du jour proposé par monsieur Villeneuve :

Le Conseil municipal, regrettant de n'avoir pu intervenir d'une façon plus directe dans les troubles de ces jours derniers, désirant, d'une part, complètement dégager sa responsabilité, puisque les ordres destinés à assurer la sécurité n'émanaient pas de la Municipalité, voulant, d'autre part, donner satisfaction à la population si éminemment patriotique :

Émet le vœu :

1° Que M. Granet, préfet d'Alger, soit révoqué de ses fonctions, puisqu'il n'a pas su les remplir et que, par son attitude maladroite, il a été le véritable auteur responsable des désordres qui se sont produits ;

2° Que M. Paysant, commissaire central, qui s'est montré d'une violence inconsidérée à l'égard de la population, en exécutant les ordres du préfet, soit déplacé à bref délai ;

Le Conseil, confiant dans l'autorité et la vigilance de ses représentants au Parlement, pour obtenir une prompte satisfaction, passe à l'ordre du jour.

Repousser une telle motion, c'était nettement se déclarer adversaire de Régis et de ses partisans. Mis au courant de cette situation, Max, le jour de sa descente de Barberousse, tonna contre le maire, M. Guillemin et son Conseil, quand le cortège où il triomphait défila devant l'Hôtel-de-Ville. A cette minute, naquit en lui le désir de porter l'écharpe cependant que le soir même, au Vélodrome, il faisait le serment ci-dessus mentionné.

Ce sont de ces restrictions qui ternissent la pureté d'un principe, quand celui qui les a prétend l'incarner.

Le 2 juillet, Régis, après avoir donné à un de ses « lieutenants », Lionne, ex-employé à la mairie, des indications sur la ligne de conduite à suivre à l'égard de la Municipalité, se rendit à Paris consulter Drumont. Durant son absence, le programme imposé à son *alter ego* fut rigoureusement suivi. Dans la séance du 8 juillet, Lionne interpella durement le maire et souleva un tel scandale que M. Guillemin dut faire évacuer la salle. Aussitôt, un groupe de manifestants sur le Boulevard de la République siffla, conspua les conseillers et réclama leur démission. C'était le commencement de la débâcle.

Le 11 du même mois, ce fut le tour de Régis. Rentré la veille de France, il réédita l'interpellation de Lionne et la foule, comme à la précédente séance, cria : démission, sur un air connu. Les esprits s'échauffaient, la rue redevenait houleuse. C'était d'un sinistre présage. La ville avait cependant besoin de repos. Le commerce agonisait, les transactions s'effectuaient difficilement. Il eût fallu cesser tout désordre, taire toute clameur, attendre dans le plus grand calme les décisions du Parlement au sujet des revendications exposées par les « mousquetaires gris. » Mais la tranquillité, le silence, la sécurité sans lesquelles il n'est pas de prospérité possible eussent laissé dans l'ombre ceux qu'avait gâtés une popularité hâtive. Ils ne pouvaient se maintenir où les avaient dressés les événements, qu'au prix d'une agitation continuelle. C'est pourquoi, n'écoutant que leur égoïsme, ne cherchant qu'à satisfaire leurs ambitions malsaines, ils prêchaient la révolte, incitaient à l'émeute, flattaient les passions des populaces cosmopolites qui faisaient leur, avec fracas, cette noble devise : « l'Algérie aux Français! » O ironie!

Sur ces entrefaites, le départ de M. Lépine était décidé en Conseil des ministres. En effet, l'*Officiel* en date du 27 juillet publiait un décret nommant M. Laferrière au poste de gouverneur général.

Mais ce choix déplut à Drumont qui comptait voir M. Pauliat occuper cette haute situation et il exhala en ces termes son dépit dans la *Libre Parole* :

M. Brisson croit faire le plus grand honneur à l'Algérie en lui donnant pour vice-roi un des forbans de la politique, M. Laferrière, vice-président du Conseil d'État, un homme qui avait cessé de plaire et dont la place était convoitée depuis longtemps, un homme constipé dix-huit heures sur vingt-quatre, congestionné par la bonne cuisine de son beau-frère, le restaurateur Paillard. Ce légiste ranci, devenu incapable de diriger le Conseil d'État sur lequel il avait perdu toute autorité, est jugé assez bon pour gouverner l'Algérie, pays qui semble destiné également à user les vieilles diligences et le vieux matériel des chemins de fer de la Métropole.

On ne saurait, cependant, nier que M. Laferrière ait rendu des services lorsqu'il était vice-président du Conseil d'État.

Il a été, pour les tripoteurs algériens et pour Bonbon-Fondant, un rêve, notamment dans l'affaire des Phosphates.

Dans l'affaire Lavie, il a trouvé le moyen de léser les intérêts de centaines de petits colons au profit du grand minotier constantinois, ami de Thomson, et de grever le trésor public de 1,375,000 francs.

Ah! les Tirman, les Étienne, les Thomson, toute la bande des rabbins dont Honel et Kanouï sont les chefs, tous les maires concussionnaires devaient bien à M. Laferrière de le désigner pour être leur agent particulier.

Il avait fait ses preuves comme domestique dans l'affaire des obligations de la Compagnie d'Orléans, qui coûtera quinze cents millions à la France, ils ont reconnu en M. Laferrière un merveilleux gérant de leurs intérêts.

Quant à M. Delcassé, dont les criminelles concessions du Haut-Ogué et de la Côte-d'Ivoire ont été ratifiées par le Conseil d'État, il a dû trouver tout naturel d'accorder son concours à M. Laferrière pour lui décrocher la timbale algérienne.

C'est un homme vieux, que, dans trois jours, M. Brisson va jeter tout ahuri dans les bras de la jeune Algérie.

M. Laferrière, gouverneur de l'Algérie, décidément, c'est un mariage des plus orageux et nous doutons que la cuisine qu'il va élaborer

là-bas ait le succès de celle de son beau-frère à
Paris. »

Ce fut à peu près la seule note discor-
dante de la Presse parisienne dans ses
commentaires sur cette nomination. Tous
les journaux à part la *républicaine* (!) et
sénile « Gazette de France », proclamèrent
les hautes qualités du gouverneur.

Comme l'enfant qui ne sait lire que dans
son livre, Régis ne s'inspira que de l'article
de Drumont et il fut immédiatement convenu dans son entourage que M. Laferrière
ne pouvait être l'homme de la situation.
Mais dans une entrevue qu'eût M. Marchal
avec ce haut fonctionnaire, ce dernier lui
fit des déclarations de nature à rassurer les
Algériens. Il indiqua au député de la
deuxième circonscription ses tendances
libérales et l'autorisa à annoncer le départ
d'Algérie du préfet et du commissaire central. Sa proclamation, dès son débarquement, acheva de déconcerter le parti des
agitateurs.

« J'attends de vous, y disait-il, avec confiance le rétablissement définitif de l'ordre.

Je désire qu'il soit votre œuvre propre et spontanée, le résultat de vos résolutions viriles et non des miennes. »

Cette pensée heureuse faisait bien augurer des intentions de M. Laferrière. Il la compléta d'ailleurs par les « décrets spéciaux à l'Algérie » élaborés en collaboration avec le conseil des ministres, décrets qui contiennent d'excellentes choses. Ils sont au nombre de quatre :

Le premier précise et fortifie sur certains points les pouvoirs du gouverneur général.

Le second institue, sous le nom de délégations financières, des corps électifs nouveaux où trois grandes catégories de contribuables algériens sont représentées par des délégués élus qui devront être consultés sur toutes les questions d'impôts ; ces délégations sont au nombre de trois, représentant : 1º les colons ; 2º les contribuables des villes et des villages autres que les colons ; 3º les indigènes musulmans.

Le troisième décret modifie l'organisation du Conseil supérieur, la principale innovation consiste dans l'introduction de seize nouveaux membres élus, qui sont membres des délégations désignées par leurs pairs.

Le quatrième décret *réforme l'organisation des consistoires israélites algériens* et les renferme dans des attributions d'ordre purement ecclésiastiques en transférant aux bureaux de bienfaisance la distribution des secours provenant de certaines perceptions destinées au soulagement des Israélites indigents.

En outre de ces décrets, on attribuait au nouveau gouvernement l'intention d'instituer un budget spécial et de constituer la colonie en personnalité civile, lui permettant ainsi de faire appel au crédit pour l'exécution des grands travaux algériens. C'était là une ensemble de projets qui satisfaisait les plus exigeants. Aussi le jour de son arrivée, M. Laferrière n'entendit-il sur le parcours des quais à sa résidence de la place Malakoff, que les cris de : « Vive la France ! vive la République ! »

Le lendemain, dans un long entretien avec M. Morinaud, le gouverneur enthousiasmait le député de Constantine par la

hauteur de ses vues et ses promesses formelles d'examiner avec une bienveillance
marquée les doléances de la population. Le
soir même, M. Morinaud rendait compte de
cette entrevue au « Comité central antijuif » constitué en vue des élections départementales du 18 septembre. Régis, ayant
toujours présent à la mémoire l'article de
Drumont, devint perplexe, mais ne désarma
pas. Si tout le monde approuvait M. Laferrière, on écouterait ses conseils, et, adieu
les troubles. Toutefois, le directeur de
l'*Antijuif!* dans un meeting tenu au Vélodrome du champ de manœuvres, reconnut,
après MM. Marchal et Morinaud, qu'il « s'é-
était *peut-être* trompé quand il avait pris le
Gouverneur pour un *ennemi*. »

Que devait-il rester de cette déclaration ?
Les événements qui suivirent ont justifié
nos pronostics sur la sincérité de ce chef
de file. Grâce à un art parfait de la
dissimulation, il fit croire longtemps à
un désintéressement superbe, mais ce
détachement de tout n'était qu'apparent,
il cachait des instincts ploutocratiques, des
ambitions démesurées, des appétits fé-

roces.. Si violents étaient ses désirs de domination, qu'au mépris du sentiment républicain, il préconisa la candidature du royaliste Girard de Mouricaud ; qu'au mépris du sentiment de l'honneur, il soutint contre M. Valéry-Blanc, un sieur Hugues, chassé du barreau d'Alger pour indélicatesse.

Ces procédés blâmables allaient avoir comme conséquence la scission rêvée par Régis du parti antijuif.

Le « Comité central d'union » avait fait un choix de candidats qu'il voulait imposer à l'opinion publique. Dès l'instant où Max se prononçait en faveur d'un avocat monarchiste et d'un avocat peu scrupuleux, il fallait qu'ainsi estampillés ils devinssent les benjamins du suffrage universel. C'était plus que de l'arbitraire et les citoyens libres, conscients de leurs actes, protestèrent contre tant d'autoritarisme. Naturalisé de fraîche date, fils d'étranger, dont il ne porte même pas le nom, quels titres avait donc Régis pour imposer ses volontés en matière de scrutin? M. Marchal, un des premiers, se montra hostile à la candidature Hugues. Et dans un excellent article qui parut après les élections, le député de Blida dit son sentiment au sujet des candidatures de commande. En raison du schisme qu'il allait achever d'occasionner chez les antisémites, nous reproduisons *in extenso* cette page.

### *L'Élection du 18.*

L'élection au Conseil Général pour l'Algérie et spécialement pour le département d'Alger est une éclatante victoire pour l'idée antijuive.

Il faut l'examiner avec l'attention et le sang-froid que mérite une pareille manifestation de l'opinion publique pour se rendre compte à quel point le vote du 18 septembre complète et confirme le scrutin enthousiaste du 8 mai dernier.

Il faut voir les choses de haut pour en juger l'ensemble. Il faut s'affranchir des impressions de détail, des considérations de groupe, des entraînements de camaraderie ou des préférences de personnes pour dégager sûrement le caractère philosophique d'un pareil événement.

Un premier fait à relever dans cette analyse, c'est l'élection ou la réélection, au premier tour de scrutin, *sans concurrents*, de nos amis

Robert, à Orléansville, Broussais à Ménerville, Jobez à Miliana, Péchot à Coléa.

Leur succès n'est-il pas dû autant à leur valeur qu'à l'Idée commune qu'ils ont inscrite sur leur drapeau?

Nous n'en doutons point pour notre part.

L'investiture du Comité central antijuif (qu'ils ont obtenue pour la plupart sans la solliciter) n'ajoutait pas une grande force à leur candidature. Les électeurs et surtout les colons avaient fait leurs choix directement, avec la haute indépendance, avec la ferme volonté et la clairvoyance qui les caractérisent. La preuve en est que les colons ont spontanément élu M. Gérente à une formidable majorité, après des manifestations tellement significatives que les juifs et les judaïsants de Médéa ont jugé prudent de renoncer à la lutte et dont le sens échappait cependant à certains politiciens d'Alger-Mustapha qui ont cru devoir envoyer, comme une victime, ce malheureux M. Garrot à une pitoyable aventure.

La preuve en est également dans l'élection de ce vieux et brave colon de Kabylie, notre ami Aillaud, qui est aussi estimé des indigènes que des colons, contre lequel s'étaient coalisés les efforts de M. de Redon, un concurrent assurément non négligeable, avec ceux de l'athlète Gueirouard appuyé personnellement par M. Max Régis et par le Comité d'Alger.

L'action du Comité a été plus sensible à Mustapha et à l'Arba où les choix, d'ailleurs justifiés par la valeur personnelle de nos confrères Saurin et Chaze, rendaient le succès d'autant plus certain, qu'ils offraient à l'esprit de discipline de ces électeurs l'occasion de s'affirmer sur d'excellents candidats.

De ceci, il est aisé de conclure — tout à l'honneur des électeurs algériens — que, pour être accepté par eux il ne suffit pas que le candidat soit choisi par le Comité central ou par M. Max Régis ( j'en dirai autant pour le candidat de M. Marchal), il faut aussi que les choix soient bons, et qu'ils paraissent tels aux citoyens.

J'ajouterai encore — si je vois clair dans le vote du 18 — qu'il faut présenter ces choix, même dans les réunions populaires, d'une manière qui ne choque point les électeurs par certaines exagérations ou certaines violences; les exagérations ou les violences amènent presque infailliblement les esprits impartiaux et indépendants à réagir en faveur de ceux qui en sont les victimes.

Ou je me trompe fort, ou je crois qu'il faut attribuer à ce sentiment l'échec si inattendu et si regrettable de notre ami Lebailly, qui était si favorablement accueilli par les colons de la 20e circonscription, de l'Alma. Les victimes d'un excès quelconque ne manquent pas de devenir ou de se rendre intéressantes auprès du public. Et il se pourrait bien que la gifle qui a renversé la personne de M. Gobel ait, du même coup, renversé la candidature de notre ami Lebailly.

J'ai idée que des fautes analogues ont compromis de même façon la candidature de notre ami Gay, à Marengo, et contribué à accroître le nombre des suffrages assurément très respectables qui s'est reporté sur le plus injurié des trois concurrents, c'est-à-dire sur l'honorable M. de Malglaive.

Si ces fautes ne sont point renouvelées au ballottage, surtout après le désistement de M. de Malglaive, nous pensons que M. Gay reconquérera la place que lui assignent sa compétence, les services qu'en attendent les libres colons.

A ceux qui regrettent l'échec personnel de Lionne, nous pouvons affirmer pour les consoler que le succès de M. Stotz n'a diminué en rien la signification du vote au point de vue antijuif. M. Stotz, quoiqu'il ait combattu avec passion, au 8 mai la candidature Drumont au profit de Samary n'est pas, pour cela, et n'a jamais été un judaïsant. Nous l'avons connu pendant vingt ans au Conseil Général, puis au Conseil supérieur, très indépendant et très ferme.

Au dernier Conseil Supérieur, il l'avait bien prouvé en votant, avec mon ami Robert et moi, contre M. Lépine auquel tant d'autres élus n'osaient pas résister ouvertement.

Je manquerais à la franchise, qui est le premier devoir d'un homme public, si je retirais le *conseil* pleinement libre et parfaitement loyal que j'ai donné (et que j'avais le droit de donner) aux électeurs de Cherchell en faveur de Valéry-Blanc.

Je dis que j'ai donné un *avis* et n'ai point dicté d'injonctions ni d'ordres, appuyés de promesses ni de menaces. Les fiers colons (qui m'ont élu librement) peuvent recevoir des conseils, ils n'acceptent pas de commandement. Je m'honore d'être comme eux et n'ai d'ordres à recevoir de personne.

Comme les colons, je reconnais, je recommande, je suis la *discipline volontaire et délibérée* quand elle se présente au nom de la raison, de la dignité et de la sagesse politiques.

Je ne saurais accepter ni subir celle d'aucun homme ni d'aucun pouvoir qui voudrait parler en Maître, surtout si ce pouvoir ou cet homme prenait avec le public ou avec moi un ton que n'autorisent ni son âge, ni son talent, ni le caractère des services qu'il peut rendre au pays.

Charles Marchal, député

Régis bondit à la lecture de cet article où un journaliste de talent manifestait des

préférences autres que les siennes, et
comme il n'est rien où l'on s'enlise plus
vite que dans le grotesque, il dépêcha deux
« amis » à M. Marchal. Quelques duels
heureux l'avaient mis en évidence aux yeux
d'un certain public. Il lui sembla donc
que, pour la galerie, une rencontre seule
pourrait relever son prestige. Le ridicule
d'une telle solution n'échappa qu'à lui-
même. Ses témoins lui ayant dessillé les
yeux, il organisa un meeting où il fit conspuer le député de la 2e circonscription et
les rédacteurs du journal à qui il devait,
lui, Max, sa notoriété scandaleuse. Le
fond de ce caractère commençait à montrer ses laideurs. Grisé par les acclamations, adulé par les séides attachés à
ses pas il avait jusqu'alors vécu dans un
rêve. Tout semblait devoir plier devant
son autocratie. Et ce même homme qui
n'avait sur les lèvres que ces grands mots :
peuple, liberté, amour, conscience, s'affi-
chait comme jouisseur sans vergogne aux
dépens de la badauderie humaine et au
profit de ses instincts.

Il sacrifia tout à sa haine de sectaire,

frappa dans son journal d'estoc et de taille sur ceux qui l'avaient défendu et dont le désintéressement n'avait d'égal que son ingratitude.

En son affolement, il prétendit que sans lui, M. Marchal n'eût pas été nommé. C'était faire injure aux bons républicains de la 2ᵉ circonscription que de les supposer susceptibles d'être influencés par un naturalisé de la veille dans l'exercice d'un devoir patriotique. On ne voulait plus de M. Mauguin et il fut déjeté. Voilà la vérité. Les électeurs indépendants répondirent par de beaux gestes dédaigneux à la faconde ultraméridionale de Max et ce dernier se garda bien de s'aventurer dans cette région blidéenne d'où il « voulait chasser Marchal. » Tout cela revint à la mémoire de ce jeune présomptueux et comme tous les êtres impuissants, il se fit un argument de la violence.

De ce jour, les vrais républicains qui lui résistèrent et combattirent ses tendances despotiques, furent traités de vendus au Gouvernement et de traîtres à l'Antisémitisme. Les colonnes de *l'Antijuif* devinrent le dépotoir d'une littérature fangeuse. La rue riait, applaudissait à ces hystériques élucubrations, mais la rue en marge des trottoirs, où s'écoule la larve sociale en des ruisselets de purin. A côté de cette lie de la population étaient des inconscients et des craintifs qu'un regard d'honnête homme tenait à distance.

Il n'y avait pas lieu d'être fier d'une telle popularité. Après les apothéoses d'avril, mai, juin, on était en droit de mieux augurer de la reconnaissance de Régis. Mais sa nature de dissimulation, de mauvaise foi, se développait sous l'influence d'un entourage qu'il eut dû renier dès sa libération. Il devint donc plus cyniquement brutal, racheta un manque absolu de sang-froid et de fermeté, par une brusquerie de gestes, de paroles que sa « clacque » appelait énergie et courage. Nous-même avions admiré sa vitalité et son entrain à une époque où nous luttions côte à côte, mais l'avenir nous réservait de ne découvrir en cet être de belle encolure, que *l'enveloppe* d'un héros. L'âme en était absente et c'est l'âme de la foule qui s'incorpora un *instant* en lui, parce que la foule le *voulait* tel qu'elle l'avait rêvé...

La scission dont Régis est le premier responsable allait encore s'approfondir pour la plus grande joie d'Israël. Le 2 octobre, dans une réunion d'ouvriers Français à la Bourse du Travail, à laquelle assistait Marchal, Louis Régis chercha à soulever des questions de personnalités. Vains furent ses efforts. Il comprit alors que ce public de travailleurs de même origine n'avait rien de commun avec celui des meetings, qu'ici c'était la raison, l'intelligence qui l'emportaient sur les creuses déclamations de tribuns ignares et prétentieux.

Mais ce qui eût servi de leçon à d'autres devait mettre le comble à l'exaspération des « purs » antisémites. « L'Antijuif » dégava le fiel de sa bile avec une recrudescence nouvelle. Des flots de calomnies inondèrent Alger. Il n'est pas d'exemple d'une prose aussi crapuleuse, ne respectant rien, ni les deuils, ni les familles, soulevant le voile de toutes les alcôves, attribuant d'imaginaires infamies à des gens dont la vie est toute de loyauté, d'honneur, cherchant à traîner dans le bourbier des hommes de devoir, d'érudition comme M. Laferrière, des fonctionnaires, républicains comme le préfet M. Lutaud.

Un gros événement survint quelques jours après la réunion de la Bourse du Travail. Le 4 octobre, le *Journal Officiel* publiait le décret de dissolution du Conseil municipal.

Considérant, disait le décret, que les divisions survenues au sein du Conseil municipal ayant entraîné la démission de la majorité des conseillers en exercice, et, en dernier lieu, celle du maire, ne permettent pas de penser que des élections complémentaires feraient cesser cette situation de nature à compromettre gravement les intérêts de la commune.

Considérant que le renouvellement intégral du Conseil municipal est le seul moyen de mettre fin à cet état de choses :

Vu la proposition du préfet d'Alger et l'avis conforme du Gouverneur.

Décrète :

Article 1. — Le Conseil municipal d'Alger est dissous.

Article 2. — Le président du Conseil, ministre de l'Intérieur, est chargé de l'exécution du présent arrêté.

Fait à Rambouillet, le 1er octobre 1898.

*Signé :* FÉLIX FAURE.

Cette dissolution eût donné le change aux insulteurs de « l'Antijuif » si, dans sa séance du 7 octobre, le « comité central d'union » n'était revenu sur les élections départementales et n'avait voté un blâme aux journaux hostiles à la candidature Hugues. Or, le 2 septembre, à la réunion où ledit comité fut constitué, il avait été convenu que les journalistes conserveraient leur liberté d'action. De quel droit donc infliger un blâme à des publicistes qui avaient combattu un homme disqualifié ?

C'est à cause de cette peu intéressante personnalité que la désagrégation du parti s'était produite. Le sieur Hugues, en présence de la scission qu'il occasionnait, n'eût-il pas dû se retirer de la lutte ? Il aurait du moins emporté l'estime de ses adversaires dans sa retraite, tandis que par son action dissolvante, il se l'est aliénée à jamais.

Régis et Hugues sont les principaux responsables du gâchis dans lequel l'Algérie a pataugé.

Nous avons fait leur procès sans colère, mais aussi sans faiblesse, comme il convient à un écrivain altéré de vérité. Cette vérité, nous la voulons absolue quelles que soient les indignations qu'elle soulève. C'est pourquoi nous continuerons avec la même franchise à dévoiler les turpitudes de Max, abandonnant au mépris public sa valetaille servile, et à l'oubli ses comparses inconscient.

Nous avons cité ses paroles qu'il n'accepterait jamais de fonction, qu'il ne s'adresserait jamais à un scrutin malgré qu'il pût être maire ou député!!

La dissolution du Conseil l'affermit cependant dans sa résolution de ceindre l'écharpe municipale. Très discrètement il fit part de ses intentions à quelques intimes et cette nouvelle s'accrédita qu'on ne pouvait mieux témoigner sa reconnaissance à Régis, qu'en le proclamant maire de la Ville d'Alger. Un meeting eut lieu à cet effet au Théâtre Municipal, le 19 octobre, où femmes, enfants, arabes, étrangers acclamèrent le directeur de « l'Antijuif » premier magistrat municipal. Depuis, Max fit croire qu'il se devait au *Peuple*, puisque le *Peuple* avait parlé.

Il fut en outre solennellement convenu au « comité central d'union », que les candidats patronnés par ledit comité prendraient l'engagement d'honneur d'élire Régis maire.

Il nous revient que déjà, en septembre, dans un entretretien que nous eûmes à Paris avec Drumont, il fut question de ce qui devait se produire. Nullement d'accord avec le député de la 1re circonscription, nous invoquâmes l'inexpérience, la jeunesse et... les promesses de Max. Notre confrère nous fit valoir que Régis devait comparaître devant les assises de Grenoble — par suite d'un arrêt de la cour de cassation renvoyant l'affaire de la salle Chaynes devant le jury de l'Isère pour cause de suspicion du jury d'Alger — et que comparaissant avec le titre de maire, il influencerait les jurés en sa faveur. Mais Drumont ne voyait pas combien lourde était la tâche à remplir. Il eût fallu un homme rompu aux affaires et non un politicien à la tête de la ville. En quoi Max était-il désigné à de telles fonctions ? La reconnaissance, en l'espèce, était d'ordre moral. Elle ne devait pas se témoigner aux dépens des intérêts généraux. Il en fut cependant ainsi et jamais nous ne comprîmes si bien la prédiction que ce même député nous faisait le lendemain du 8 mai :

« Vous aurez bien du mal à contenter toutes les ambitions et à satisfaire tous ceux qui, à un titre quelconque, se croiront autorisés à exiger une compensation de leurs sacrifices ou une récompense de leur dévouement. »

Quelques jours avant les élections municipales, le 13 novembre, des ligues françaises s'organisèrent pour résister aux comités de quartier où se heurtaient toutes les origines ; mais de création trop récente, elles ne purent influencer le scrutin. D'ailleurs, les urnes furent désertées par les deux tiers des électeurs, puisque sur plus de dix mille inscrits la liste du comité central fut élue par 3,900 suffrages. On était loin des huit mille voix de Drumont.

N'importe, Régis fut nommé maire, de sorte que la capitale de l'Algérie avait comme premier magistrat un italien naturalisé. Nous retrouvons en effet dans le bulletin du gouvernement général, année 88, page 793, le décret du 15 mai naturalisant son père : Jean-Baptiste Régis Milano.

(Monsieur Milano avait demandé, combien tardivement, sa naturalisation afin de pouvoir concourir aux adjudications du service du génie.)

On était en droit de penser que Max, malgré qu'il se fût parjuré, ou même à cause de ce parjure, aurait du moins la dignité de sa charge. Mais il n'en fit rien. Il continua sa campagne d'accusations mensongères et d'excitations contre les vrais défenseurs de la République. Longtemps dédaignées, ces attaques n'en devinrent que plus vives, au point que pour en finir on répondit à Régis par de vigoureux articles qui devaient plus tard lui faire apprécier cette pensée d'un philosophe : « Un pouvoir impunément bravé touche à sa ruine. » Après une montée sensationnelle dont nous avons énuméré les étapes, il avait atteint le faîte des honneurs, où il se croyait à l'abri de la critique. Mais il ne lui échappa pas et il sortit de ce conflit amoindri dans son prestige. C'était un juste retour des choses, que la revanche du Droit, de la Justice, de la Vérité sur l'absolutisme, la partialité, le mensonge. L'opinion se ressaisit en apprenant à mieux connaître le jeune tyran municipal. Hélas! il n'avait du despote que les aveugles colères. Il se déroba toujours devant nos loyales avances, chaque fois que nous nous adressâmes à son courage, à sa fermeté, à ses « chevaleresques » sentiments. Il chercha, après ce *garage*, à nous faire lyncher par la foule de ses partisans cosmopolites, puis à regagner lui-même, en pleine brasserie Tourtel, le terrain qu'il perdait journellement. Là encore, il eut une si piteuse contenance qu'elle le vouait à un irrémédiable abandon. Ces dates des 7, 8, 9 décembre 98, resteront à jamais gravées dans sa mémoire, car elles marquent le commencement d'une chute dont il ne se relèvera pas... pour le bonheur de l'Algérie Française et républicaine.

Le soir même d'un lâche attentat dont

nous fûmes l'objet, une réunion avait eu lieu au Grand-Théâtre au cours de laquelle le maire d'Alger prononça d'odieuses paroles sur le deuil du Gouverneur général (la mort de son fils). Tant de cynisme ne pouvait rester impuni et, le surlendemain, Régis Milano était suspendu de ses fonctions pour un mois par le nouveau préfet M. Lutaud, suspension portée à trois mois par le ministre de l'intérieur. Ces menées tendancieuses, ces appels à la révolte contre l'autorité semaient de plus en plus le trouble dans les affaires. C'est alors que les travailleurs français comprirent l'opportunité d'une union sérieuse. Les ligues demeurées longtemps embryonnaires virent affluer les adhérents et il est aujourd'hui permis d'espérer que l'avenir est à ces groupements d'hommes libres, de citoyens pacifiques qui synthétisent toutes nos revendications.

Déjà ce ressaisissement s'était fait sentir aux élections du scrutin de ballottage pour les « délégations financières » instituées par décret spécial du 17 août 98. M. Tachet, soutenu par Régis, n'obtenait que 486 voix contre M. Jourdan soutenu par ses adversaires, qui en obtenait 575.

D'autre part, lors de l'interpellation de Drumont à la Chambre sur la suspension du maire d'Alger, les députés ne dissimulèrent pas leur sentiment à l'égard de l'agitateur. Régis, alors à Paris, s'étonna du peu de curiosité soulevée par sa présence à cette mémorable séance du 23 décembre et, le 24, au punch de la ligue antisémitique, il fit cette étrange déclaration :

« Devant l'hostilité gouvernementale, nous sommes dans l'alternative ou de nous déclarer Français et alors de rester des *esclaves soumis*, ou de nous déclarer antijuifs et alors d'empêcher la tourbe juive de continuer ses ravages en Algérie. Je voulais me mettre à *la tête de ce mouvement d'indépendance de l'Algérie...* »

Il venait de démasquer ses batteries. Mais comme le dit à l'époque un correspondant du Figaro :

> Pour que les esprits s'assagissent
> Il nous faut plutôt selon moi,
> De bonnes lois qui nous régissent
> Qu'un Régis nous faisant la loi.

A son retour de Paris, Max, du balcon de l'Hôtel-de-Ville, traita méprisamment les membres du Palais Bourbon qui ne l'avaient pas pris au sérieux.

« La Chambre des députés, s'écria-t-il, est un cloaque où s'étale le ramassis de toutes les compromissions et de toutes les turpitudes. »

En présence de cette insulte, le président du Conseil des ministres prit un arrêté de révocation contre lui.

Si le parti de l'agitation était mécontent de cette mesure, la population y applaudissait ainsi qu'au discours prononcé le 16 janvier pour l'ouverture du Conseil supérieur par le gouverneur, discours dans lequel il reconnaissait nécessaire la révision du décret Crémieux.

« Les dispositions qui ont consacré *ces erreurs*, disait M. Laferrière, car il faisait également allusion à la loi de 1889 sur les étrangers dont nous nous occuperons dans la deuxième partie de cet ouvrage — n'échappent pas à toute réforme. Il est permis d'en souhaiter une révision réfléchie limitée à la question des droits politiques, telle

qu'elle peut-être respectueusement sollicitée du Gouvernement et des Chambres. »

Ainsi ce gouverneur tant décrié par
Régis et les folliculaires de son *Antijuif*,
approuvait officiellement la principale
revendication des Algériens, la revision du
décret du 24 octobre 1870 limitée à la
question des droits politiques, comme l'a-
vaient demandé les corps élus de la colonie.

Que devenait l'échafaudage de mensonges
édifié par Max contre M. Laferrière ?

Balzac a dit avec raison que « le silence
est la philosophie des forts. »

Tout autre que Régis l'eût compris et
aurait cherché dans l'étude un dérivatif aux
émotions que durent lui procurer sa révocation et le discours gubernatorial. Bien au
contraire, il voulut redorer son blason en
attachant Rochefort aux basques de sa redingote, comme si la venue du directeur de
l'*Intransigeant* pouvait solutionner le problème algérien. Le fougueux polémiste
entreprit donc ce voyage, remorqué depuis
Cannes, où il venait de couler des jours
heureux, par Régis qui, en escomptant une

réception sensationnelle, espérait recouvrer sa popularité expirante.

La Municipalité ne ménagea pas, aux frais des contribuables, la mise en scène des grands jours et l'on put assister le 5 février, aussitôt après le débarquement de Max et de Rochefort, à cette ignominie organisée par les édiles algérois, de Français portant à la boutonnière une cocarde tricolore, assommés, arrêtés, conduits en prison pareillement à de vulgaires malfaiteurs. Qui n'applaudissait sur le passage des arrivants était considéré comme suspect et la vie des suspects était en danger. La populace chargée de l'exécution des sincères patriotes, des vrais républicains, puisait son éducation dans les légendes propagées par l'*Antijuif* et un quotidien de création récente, dont Régis était aussi le directeur, et où deux garçons de réelle intelligence devaient s'échouer : Daniel Saurin et Lucien Chaze.

Ils valaient mieux que d'être les secrétaires du maire révoqué. Mais dépaysés dans l'atmosphère d'action où ils ont vécu, ces idéologues de talent n'ont pas eu la fer-

meté de se retirer de la lutte, de s'affranchir d'un lien qui les rapetissait. Ils ne
comprirent pas qu'ils remplissaient le rôle
de souffleurs pour Max, qui s'attribuait le
mérite de leurs élucubrations sur la scène
politique où il évoluait. C'était là une tactique du jeune ambitieux que de s'entourer
de personnalités et de s'identifier à elles
sans crier gare. Rochefort n'avait pu consciemment se prêter à cette comédie. Ne
briguant aucun mandat, à quel sentiment
avait-il donc obéi en venant à Alger précédé d'une réclame que n'eut pas reniée
Barnum, « l'amuseur des peuples. »

Mais où l'étonnement devient de la per-
plexité, c'est en présence du langage qu'il
tint à un correspondant du *Figaro*.

Je ne suis pas venu ici pour *faire de l'agitation*, mais en journaliste, pour étudier l'Algérie.
*Régis fait son métier*, moi le mien.

Conclusion, Max était un agitateur. Qui
s'en serait douté?...

Le préfet, le soir de cette journée où la
France et la République avaient été insul-
tées dans la personne de leurs plus dévoués

défenseurs, prit cet arrêté de suspension contre le Conseil municipal :

Vu les articles 43, 52 et 86 de la loi du 5 avril 1884.

Considérant que le Maire et le Conseil municipal d'Alger ont organisé de concert avec l'ex-maire révoqué auquel ils ont illégalement conféré le titre de maire honoraire, une manifestation politique qui était de nature à jeter la division entre les citoyens et à provoquer des troubles ;

Que, de fait, il est résulté des désordres et des violences qui auraient pu gravement compromettre la paix publique, si l'Autorité Supérieure et la force armée n'étaient intervenues ;

Que le Maire et le Conseil municipal ont ainsi gravement manqué à leurs devoirs envers la population algéroise qui ne demande que le travail et la paix ;

Considérant qu'il est urgent de prévenir le retour de pareils incidents.

ARRÊTE :

Article premier. — Le Maire et le Conseil municipal d'Alger, sont suspendus.

Art. 2. — Le secrétaire général est chargé de l'exécution du présent arrêté.

Fait à Alger, le 5 février 1800.

*Le Préfet,*
Signé : LUTAUD.

Il était intéressant de connaître l'opinion de Drumont sur ce voyage de Rochefort, qui venait d'entraîner la suspension du conseil. La *Libre-Parole* nous la donne en quelques lignes.

Je pense, écrivait-il le 7 février, qu'il aurait été préférable que le voyage de Rochefort en Algérie fût ajourné de quelques jours.

J'en dirai très franchement la raison. Je n'ai aucune relation avec M. Laferrière et personnellement j'ai une confiance très limitée en lui. Mais *beaucoup de Français patriotes, ardemment antijuifs* ne partagent pas tout à fait cette manière de voir ; ils croient M. Laferrière assez intelligent pour se rendre compte de la situation, pour comprendre qu'on ne remonte pas un courant, même le courant antijuif ; ils lui savent gré d'avoir été le premier gouverneur général qui ait nettement reconnu la nécessité d'abroger le décret Crémieux ; ils disent : « Ajournez les manifestations, attendez que M. Laferrière ait fait, au moment des interpellations sur l'Algérie, des déclarations positives et formelles ».

C'est d'ailleurs le sentiment de mes collègues antijuifs de la députation algérienne.

Régis et Rochefort venaient donc de mécontenter Drumont et ses collègues algériens. Jaurès l'a parfaitement exprimé d'ailleurs :

Milano a organisé, sans consulter le député d'Alger, son voyage avec Rochefort. On n'a pas tenu compte de ses avis.

C'est donc contre la volonté, contre l'intérêt de toute la députation antisémite que ce voyage a eu lieu.

Rochefort a compromis la politique antisémite par sa vanité maladroite. Il a culbuté la municipalité d'Alger et les combinaisons de Drumont, comme un parasite vieilli répandant les plats sur la nappe de son hôte.

Celui-ci n'attend pas qu'il soit sorti d'Algérie pour le gronder dans la *Libre Parole*.

Le dépit fut réel de la part des « mousquetaires gris. » Et les Algériens, comprenant à leur tour que cette exhibition était grotesque, ne manifestèrent aucun enthousiasme lors du départ de Max et de son hôte. De Marseille, Régis obliqua vers Monte-Carlo et sous les ombrages, du Casino, attendit patiemment le 20 février, date de sa comparution devant les assises de Grenoble... où il ne comparut d'ailleurs pas. Il fut alors condamné par défaut à trois ans de prison et mille francs d'amende.

Ce fait passa inaperçu parce qu'il coïncidait avec la mort de M. Félix Faure et l'élévation de M. Loubet à la Présidence de la République.

Régis, ayant fait opposition au jugement, recomparut le 18 mai, et, cette fois, fut acquitté. La joie que ce verdict occasionna aux « purs antisémites », devait être tristement compensée par la suspension du nouveau maire, M. Voinot.

A la suite d'une... altercation avec le préfet, le jour de la réception officielle du représentant du Gouverneur au concours général agricole d'Alger, M. Lutaud suspendit le premier magistrat de la cité pour usurpation d'un droit de préséance.

Le maire, dans l'enceinte du concours, revendiquait le droit de recevoir les autorités civiles et militaires. Le préfet le lui contesta et force resta au département sur la ville.

Tandis qu'à Alger le conflit s'affirmait de plus en plus entre la Municipalité et l'Administration, la Chambre se préparait à discuter l'interpellation sur la colonie.


### *Le débat sur l'Algérie.*


Ce débat si attendu allait donc s'ouvrir. Qu'en résulterait-il ? Ferait-on droit aux revendications présentées au nom de l'Algérie par les députés antisémites ? Point d'interrogation qui rendait la population perplexe, car elle avait conscience d'avoir indisposé les membres du Palais-Bourbon par ses colères et ses représailles.

M. Marchal, le premier, prit la parole et, dans un langage élevé, le député de la deuxième circonscription fit le procès de la juiverie algérienne. « C'est un très savant et très net exposé de la question depuis ses origines jusqu'à nos jours, disait de ce discours la *Libre Parole*. Il constituera un réquisitoire écrasant, un répertoire riche où pourront puiser ceux qu'intéresse la question juive : il constituera un arsenal bien fourni où les polémistes trouveront des armes pour leur lutte quotidienne. »

Ce commentaire du journal de Drumont était la plus belle réponse que pût faire M. Marchal aux inepties débitées par Régis. Et les gens bien pensants applaudirent à l'intervention du député de Blida. Est-ce à dire qu'il avait médusé ses collègues? Non, car les députés métropolitains ne comprennent pas l'antisémitisme à la façon des Algériens. Cependant il sema largement le doute dans les esprits et fut l'artisan d'une transition qui se résoudra peut-être dans le sens le plus favorable aux désiderata de la colonie entière.

D'autres orateurs devaient prendre part à cette passionnante discussion. M. Barthou chercha à atténuer l'effet produit par le discours Marchal et nia, comme au temps où, ministre de l'intérieur, il nommait M. Lépine gouverneur général, l'existence de la question juive. M. Morinaud protesta contre cette négation, puis développa cette thèse, que la raison confessionnelle était étrangère au mouvement antisémite. Après avoir exposé le rôle électoral des consistoires, le député de Constantine énuméra des motifs d'ordre économique qui parurent intéresser la Chambre et lui faire croire à la légitimité de certaines revendications. Les juifs ne sont ni agriculteurs, ni producteurs. Ils se livrent à des métiers spéciaux, préfèrent le commerce, surtout le commerce d'argent. En outre, ils pratiquent l'accaparement, la fraude, la faillite à « répétition », comme l'avait dit M. Marchal. En terminant, M. Morinaud adjura la Chambre d'abroger le décret Crémieux mais de nommer au préalable une commission d'enquête.

A la séance du lendemain, M. Rouanet essaya de démontrer la fausseté des accusations portées contre les juifs et l'inopportunité même d'une révision du décret de 70. Il s'efforça tout au contraire à le justifier et s'érigea, au nom du socialisme, en défenseur d'Israël, de ses pompes et de ses œuvres. Malheureusement pour la question algérienne si importante, si complexe, l'orateur fit des personnalités, mit en cause M. Morinaud père, dont le fils dut prendre la défense. De sorte que l'interpellation dégénéra en querelle. Seul, M. Laferrière qui assistait à la séance en qualité de commissaire du gouvernement, eût remis le débat sur son véritable terrain, si la fatalité qui semblait poursuivre l'Algérie ne s'était une fois encore fait sentir. Déjà l'interpellation fixée au 21 mars avait été contremandée et n'était venue en discussion que le 18 mai. Après le discours Rouanet, quinze jours s'écoulèrent avant qu'elle fût reprise. Dans l'intervalle, l'attentat contre le Président de la République au steeplechasse d'Auteuil soulevait l'indignation de la France entière.

L'attention fut donc entièrement détournée de la colonie. Sur ces entrefaites, M. Morinaud se colletait avec M. Rouanet ; le député d'Oran, M. Firmin Faure se compromettait dans la manifestation royaliste d'Auteuil en marchant sur les brisées du réactionnaire M. Lazies ; Drumont gardait de Conrard le silence prudent ; joignons à ces déplorables fautes les atermoiements, les reculs continuels de la date de l'interpellation, comme si elle constituait un épouvantement, telles furent les conditions dans lesquelles le Parlement entendit les plaidoyers en faveur de l'Algérie !

Le samedi 10 juin, la discussion fut cependant reprise. Le Gouverneur eut à répondre à M. Viviani qui lui reprochait de n'avoir pas établi nettement, comme MM. Marchal et Morinaud, son opinion au sujet du décret Crémieux.

M. Laferrière s'expliqua sur le mot révision et se défendit de poursuivre dans la question antisémite, d'autre but que l'établissement d'une naturalisation à deux degrés en substitution à la naturalisation en bloc. Le président du Conseil voulait, au contraire, ne laisser porter atteinte en rien à des droits acquis depuis près de trente années.

Cette divergence de vues entre MM. Dupuy et le Gouverneur fut vivement commentée et le changement de ce dernier en eût été la conséquence, si le ministère n'avait été renversé quelques jours après, à la suite des bagarres du pavillon d'Armenonville, le 11 juin, au retour des courses de Longchamps.

L'interpellation subissait un nouveau temps d'arrêt et dans la séance du 29 juin, quand l'ordre du jour appela la discussion sur l'Algérie, elle fut ajournée... à une date ultérieure.

Cette désinvolture de la part de ceux en qui la colonie mettait son espoir la mécontenta, car elle attache une importance que la métropole ne saurait comprendre à la sanction qui interviendra dès que seront fixées définitivement les raisons qui militent en faveur de la *révision* du décret Crémieux.

Comme le disait M. Jonnart, le 4 juillet, « le mal dont souffre l'Algérie à la suite des derniers évènements a des causes profondes et lointaines auxquelles il est urgent de porter remède. » La commission parlementaire aura donc une œuvre impartiale et féconde à accomplir.

Oui, le mal a des causes lointaines et profondes. Lointaines, parce qu'elles datent de la conquête et que le décret de 70 leur a donné une vigueur nouvelle, profondes, parce qu'elles se sont enracinées à l'abri d'une impunité coupable.

L'agitation de 84 et de 98 a donné la mesure du danger pressenti. Il allait grandissant d'heure en heure et notre prestige eût fatalement sombré dans cette tourmente si, las de servir de hochets, les Français ne s'étaient révoltés contre leurs oppresseurs.

D'autres instincts se sont développés à la faveur de ces troubles, instincts latents chez les arabes et les algériens d'origine étrangère. En présence de notre veulerie, ils finirent par se considérer comme les seuls maîtres de la colonie et les seuls responsables de ses destinées. L'abîme du séparatisme se creusait de plus en plus, grâce surtout aux menées de Régis auprès de ses compatriotes dont il flattait les passions, alors qu'à nos yeux il embrassait la République mais pour mieux l'étouffer.

Certes, le devoir du Parlement est de rémédier sur le champ à cet état de choses, et le nôtre, puisque le péril juif nous a révélé le double péril étranger et arabe, est de les étudier tous deux avec, en nous, le même désir de vérité qui nous a animé dans ce qui précède.

Le péril étranger est de beaucoup le plus grand, car les Espagnols, les Italiens et les Maltais naturalisés ont deux patries, tandis que les arabes n'en ont qu'une et que les juifs n'en ont pas.

Il retiendra donc davantage notre attention et nous nous attacherons, dans les pages qui vont suivre, à citer l'opinion d'hommes éminents sur le danger de la latinisation de l'Algérie.

# DEUXIÈME PARTIE

## LE PÉRIL ÉTRANGER

IV. La loi de 89. — V. Danger économique.
VI. Danger politique.

———

## IV

### LA LOI DE 89

Avant tout, nous tenons à rendre un public hommage à l'élément étranger implanté sur le sol algérien, pour les qualités d'endurance, de sobriété qu'il a mises au service de la colonisation. Les Espagnols dans la province d'Oran, les Italiens dans la province de Constantine, Espagnols et Italiens dans la province d'Alger, ont con-

tribué pour une large part au développement de notre admirable possession nord-
africaine. L'agriculture a trouvé en eux de
précieux auxiliaires. Entraînés de par leur
propre origine à une existence de privations et de labeurs, ils ont vaincu la fièvre,
bravé le soleil, défriché les plus impéné-
trables « brousses », couché sur la dure au
milieu des lentisques et des asphodèles
jusqu'au jour où la terre déblayée de ses
plantes parasites les aidait à vivre moins
misérablement.

Ces pionniers, *après nos colons français*, qui
furent au début de la conquête de vrais
soldats laboureurs, « la pioche d'une main,
le fusil de l'autre, » ont droit à toute notre
sympathie, à toute notre sollicitude et nous
ne les leur avons jamais marchandées
tant qu'ils s'en sont tenus à leur rôle de
travailleurs actifs. Mais les événements
que nous avons relatés ont eu pour conséquence de nous montrer le danger d'une
hospitalité trop large.

Jusqu'en 1889, on ne comptait guère en
Algérie qu'avec le péril juif, provenant en
partie d'une prépondérance électorale que

les israélites réalisaient en influences économiques au mieux de leurs intérêts. L'étranger vivait en bonne intelligence avec le Français, collaborait à l'œuvre de la prospérité algérienne. Il était de toute justice que le Gouvernement de la République reconnût ses mérites. Mais dans l'aveuglement de sa gratitude, il dépassa le but en votant la loi du 26 juin 1889 sur la naturalisation.

M. Lenormand expose en termes précis, dans un intéressant ouvrage sur la crise algérienne, les dispositions toutes spéciales de cette loi.

· Qu'est-ce que cette loi du 26 juin 1889 dont l'application provoque tant de craintes? dit-il.

Elle vise la nationalité et en cette matière notre colonie africaine a toujours profité d'un régime spécial. Il reposait en dernier lieu sur les dispositions organiques du sénatus-consulte du 14 juillet 1865 exécutées suivant le décret du 21 avril 1866 portant règlement d'administration publique.

Tandis qu'en France, il faut pour pouvoir obtenir la naturalisation justifier d'une résidence non interrompue pendant dix années, en

Algérie, l'étranger après trois ans de résidence peut-être admis sur sa demande à jouir des droits du citoyen français. Le temps qu'il a passé dans la colonie, sous les drapeaux, compte dans la durée de la résidence légale. Encore fallait-il sous ce régime que l'étranger, pour devenir citoyen français, en fît la demande formelle : après avoir été instruite par les autorités locales, elle était transmise par la voie hiérarchique, au Garde des Sceaux. Celui-ci en prononçait soit le rejet, soit l'ajournement ou provoquait du Président de la République un décret *individuel* conférant au postulant, qui devait être majeur — la naturalisation qu'il sollicitait.

Si simplifiée que fût cette procédure, — la plupart du temps faite gratuitement, — elle offrait pourtant quelques garanties : l'étranger devait fournir des pièces et certificats, subir une enquête, s'intéresser au succès de la demande qu'il avait pris la résolution de formuler.

Survient alors la loi du 26 juin 1889 applicable à l'Algérie. En apparence elle n'apporte aucune modification essentielle aux dispositions précédentes qui restent en vigueur pour tous les étrangers ayant atteint leur majorité avant la promulgation de la loi nouvelle. En réalité elle fait subir au statut des étrangers une transformation radicale. Elle déclare français :

1º Tout individu né en France de parents inconnus ou dont la nationalité est inconnue.

2º Tout individu *né en France d'un étranger qui lui-même y est né*. Ainsi pour ces deux catégories d'individus la disposition est absolue : ils n'ont en aucune manière la faculté de décliner la nationalité française. Ce jeune homme, né en Algérie, de parents légalement inconnus et non mulsulmans, est nécessairement français ; de même cet autre né de père et mère espagnols ou italiens, mais natifs d'Algérie, à moins qu'il ne perde cette qualité en acquérant sur sa demande une nationalité étrangère ou en portant les armes contre la France :

Enfin, aux termes de la même loi, est encore déclaré français tout individu né en France d'un père étranger et domicilié en France à l'époque de sa majorité, à « moins que dans l'année qui suit sa majorité telle qu'elle est réglée par la loi française, il n'ait décliné la qualité de Français et prouvé qu'il a conservé la nationalité de ses parents par une attestation en due forme de son gouvernement... et qu'il n'ait en outre produit, s'il y a lieu, un certificat constatant qu'il a répondu à l'appel sous les drapeaux, conformément à la loi militaire de son pays, sauf les exceptions prévues aux traités. » Ainsi un jeune homme né à Lille d'un père Belge domicilié en France est Français, s'il ne refuse pas à sa majorité de faire son service en France et ne prouve pas qu'il a satisfait aux obligations militaires imposées aux sujets belges. De même des jeunes gens nés à Sidi-Bel-Abbès de père allemand et de mère espagnole, ou à Bône de père italien et de mère maltaise, domiciliés en Algérie, n'ont plus à solliciter leur naturalisation : *il leur suffit de ne pas décliner la qualité de Français pour obtenir de plano l'exercice de tous les droits civils et politiques attachés au titre de citoyen dans notre pays.* Ils n'ont même pas besoin d'accomplir une année de service militaire; il leur suffit *de passer le conseil de révision.* Ils peuvent être à la fois impropres au service et indignes au point de vue moral, ils n'en sont pas moins *immédiatement* citoyens français. Ils réunissent toutes les conditions légales voulues pour être électeurs, et même éligibles.

On ne devait pas tarder à s'apercevoir que c'était une faute d'avoir accordé si facilement la naturalisation à des milliers d'individus d'une mentalité en tous points différente de la nôtre et M. Havard, conseiller général d'Oran, en signalait le danger dès 1895. Mais il ne fut pas écouté par ses collègues, qui escomptaient les suffrages des néo-français au renouvellement de leur mandat. La presse parisienne et algérienne, au contraire, se préoccupa de la situation et fut presque unanime à reconnaître la nécessité de la revision de la loi de 89.

« Si on laisse aller les choses, disait le *Journal* à la date du 4 avril 97, dans un temps qui n'est pas éloigné, il n'y aura en apparence presque plus d'étrangers en Algérie. C'est peut-être à ce moment-là que la question étrangère se posera dans toute son acuité. »

La presse ne fut pas seule à constater le péril d'un encombrement cosmopolite sous la bannière française; des corps élus : les conseils municipaux d'Alger, de Constantine et le conseil supérieur jetèrent le cri d'alarme.

Dans sa séance du 17 mai 96, le conseil supérieur adopta un vœu tendant à ce que :

1° La loi du 26 juin 1889 fût modifiée de façon à permettre deux naturalisations, la première n'entraînant pas la jouissance des droits civiques et politiques;

2° Les demandes de naturalisation ne

fussent accueillies que si elles étaient jus-
tifiées par des services exceptionnels rendus
au pays.

M. Zeys, dans un lumineux rapport, fit
suivre ce vœu de considérations qui ne
soulevèrent aucune contestation de la part
de ses collègues de la haute assemblée algérienne.

Il arrivera, plus tôt qu'on ne le pense, écrivait-il, que le nombre de ces concitoyens arti-
ficiels l'emportera sur celui des Français d'origine, qu'ils auront sur certains points la majorité dans les corps élus, qu'ils y feront la loi et
qu'ainsi ils auront, par la force des choses, des
droits supérieurs aux nôtres. Loin de moi la
pensée de faire ici le procès de la population
étrangère tout entière ; il s'y trouve des gens
paisibles, travailleurs, reconnaissants de l'accueil qu'ils ont reçu en Algérie. Mais laissons-
leur la liberté d'exprimer ces sentiments, en
sollicitant une naturalisation que nos lois d'exception rendent déjà si facile. Ne fabriquons
pas des citoyens français qui ne nous doivent
rien, puisque nous les avons incorporés d'office
à nous et dont le patriotisme est au moins dou-
teux puisqu'ils n'ont jamais eu à l'affirmer. Ne
sont-ils pas devenus Français par une absten-

tion qu'ils peuvent toujours imputer à une ignorance de la loi? Dans l'hypothèse d'un conflit
européen, il est permis de se demander pour
qui seraient leurs sympathies. Est-il nécessaire
d'ajouter que toutes les nations ont leurs
« outlaws » qui, rejetés de leur sein, vont se
glisser dans un milieu nouveau, où leur passé
n'est pas connu?

L'Algérie est-elle privilégiée au point d'être
à l'abri de ces acquisitions peu désirables? Si
bonne garde que l'on fasse dans nos ports, n'a-
vons-nous pas admis dans notre troupeau un
grand nombre de ces brebis galeuses? Notre
générosité légendaire nous commande-t-elle de
décerner, par la seule force de la loi, des di-
plômes de citoyens français aux enfants de ces
immigrants, qui remplissent nos écoles, encombrent nos hôpitaux au détriment de nos
concitoyens, qui menacent d'envahir les col-
lèges électoraux et jusqu'aux fonctions publiques?

La naturalisation sollicitée, précédée d'une
enquête sérieuse, échappe à ces critiques; celui
qui la réclame donne, par cela même, des gages
de sincérité; elle crée des citoyens utiles, hono-
rables, et par suite au lieu d'être une charge
pour la colonie, elle en augmente les forces
vives et la richesse.

Votre commission insiste donc très vivement
pour que la loi du 26 juin 1889 en tant au

moins qu'elle a modifié l'article 3 du code civil, ne soit plus applicable où son maintien constitue un véritable péril national.

Quant à la naturalisation proprement dite, le vœu que nous examinons conclut à ce qu'elle ne soit plus conférée que si elle est justifiée par des services exceptionnels rendus au pays. Nous ne pouvons pas nous associer à cette idée.

L'Algérie a besoin de bras; si elle les trouve dans les contrées trans-méditerranéennes, son intérêt, d'accord avec ses traditions de large hospitalité, commande de les accueillir. Mais nous prions M. le Gouverneur général de maintenir et d'accentuer encore, si faire se peut, les instructions qu'il a données :

1° Pour que les arrivages maritimes soient surveillés avec une sollicitude constante;

2° Pour que les demandes de naturalisation soient instruites avec un soin scrupuleux;

3° Pour que ces demandes ne soient accueillies que dans le cas où les impétrants sont dignes du titre de citoyen français.


Dans ses « études algériennes » l'auteur rappelle que M. Samary, lors de l'interpellation sur les « troubles de 1898, » reconnaissait que « le remède principal à la situation critique de la colonie, c'était la réforme complète de notre législation sur les naturalisations. »

Déjà, le député d'Alger de la dernière législature comprenait que les élections du 8 mai se feraient sous le coup de la « terreur exotique » machiavéliquement organisée par Régis. Max commençait à canaliser les bas instincts de ces « outlaws » dont parlait M. Zeys dans son rapport, pour les diriger vers un but qu'il eut l'habileté de dissimuler longtemps aux regards des plus clairvoyants. Il allait donc à l'encontre du sentiment si français exprimé par les premières assemblées algériennes. Mais que lui importait de rompre en visière avec la sainte tradition du patriotisme dès l'instant où il réalisait ses projets de dictature. Il développait ainsi à côté, du péril juif qu'il ne combattait pas, le péril plus grand encore de *l'étranger*. Les Espagnols, les Italiens qui n'ont rien de nous-mêmes, quoiqu'en disent les inventeurs de la race latine, se ruèrent aux trousses du néo-français Milano avec cet empressement irréfléchi des impulsifs et mirent en lui leur espoir d'être un jour les seuls et les vrais maîtres de la colonie, comme ils croyaient être aux heures d'émeute les vrais et les seuls maîtres de la rue.

A bien considérer les choses, il y a peut-être lieu de se féliciter d'avoir eu les « troubles » puisque nous leur devons de connaître les dispositions de la population cosmopolite à l'égard de la métropole et de la République. Les tendances séparatistes des coupe-jarrets qui, durant deux années, prêchèrent la révolte, n'ont heureusement pas eu d'effet, mais il appartient au Gouvernement de calmer la crise où se débat l'Algérie en retirant aux agitateurs le droit de s'immiscer dans nos affaires.

La naturalisation qui résulte de la loi de 89 est une naturalisation automatique, de sorte que des étrangers deviennent français sans préalable préparation.

Le sénatus-consulte de 65 avait du moins cette supériorité de ne délivrer la qualité de citoyen français *qu'après enquête*, tandis que la loi de 89 confère ce titre annuellement à des milliers d'Espagnols, d'Italiens, de Maltais qui n'en demeurent pas moins Maltais, Italiens, Espagnols. Ce procédé

mécanique ne saurait substituer en effet
une autre âme à la leur.

Il n'est rien de plus brutal, mais aussi
de plus éloquent qu'une statistique. Or, si
nous consultons des recensements officiels
publiés en 86, nous voyons qu'en vingt
années 1,253 Espagnols et 1,671 Italiens
ont sollicité leur naturalisation. En 1886,
il y avait en Algérie 144,530 Espagnols,
82 seulement sont devenus citoyens français et sur 44,315 Italiens 203 ont réclamé
ce titre pour se conformer aux exigences
des traités de navigation. Il n'y avait donc
de leur part aucun enthousiasme pour l'a-
doption de notre régime ultra-libéral. Ils
conservaient leurs mœurs et leurs coutumes et demeuraient fidèles à leur patrie
d'origine. Dire que ce sentiment est blâmable serait évidemment excessif. Nous
ne pouvons d'autre part nous réjouir de si
peu d'empressement dans la manifestation
d'une légitime reconnaissance. Venus après
nous en Algérie, les étrangers ont bénéficié
de nos premiers labeurs et n'ont eu qu'à
s'installer, au prix de bien des déboires
encore il est vrai, sur ce sol si héroïque-

ment conquis par les armes françaises. A l'abri de la misère dans cette belle Algérie, ils n'en restent pas moins attachés à leurs coutumes, à leur langue, à leur pays, et, depuis 1856, forment des groupements distincts comme les juifs et les arabes. Il y a là un phénomène à la fois physiologique et psychologique, car sur cette terre d'Afrique, ils ne sauraient avoir l'illusion d'un exil. Ne retrouvent-ils pas le soleil de l'Espagne et de l'Italie sous un ciel plus immuablement bleu ? La sonorité de leur patois ne frappe-t-elle pas leurs oreilles quand ils débarquent sur le rivage algérien ? Et, en plus de cette réédition de la patrie absente, n'ont-ils pas la certitude de trouver auprès de leurs compatriotes déjà établis un accueil que ne reçoit jamais un Français de France ? Comment pourraient-ils ne pas adopter ce pays à quelques centaines de kilomètres du leur ? Plus près que nous-mêmes de notre Métropole, ils se refusent à reconnaître notre prépondérance et nourrissent assez souvent contre nous un sentiment de jalousie que des années de vie commune n'ont pas entièrement amoindri. Les exceptions sont heureusement nombreuses à cette loi de rancune qui régit les étrangers dans leurs quotidiennes relations avec nous. Rancune moins contre notre qualité de français que contre celle de maîtres de l'Algérie. Pour dissimuler leur jeu et se ménager une transition qui leur laisse l'illusion, sinon d'être toujours Espagnols, Italiens ou Maltais, du moins de ne pas être davantage citoyens français, ils se disent *Algériens*. Les *Algériens*, certes, sont un fort intéressant composé de qualités et de défauts, ce qui d'ailleurs est bien humain, mais de qualités et de défauts à eux propres, qui empruntent aux origines les plus diverses des oppositions spéciales et les distinguent effectivement de *vrais* Bourguignons, de *vrais* Catalans, de *vrais* Florentins. Ils se forment une mentalité spéciale qui rappelle de loin celle de leurs compatriotes de la mère-patrie. Et c'est là le caractère essentiel de cette population née dans notre possession africaine. Il s'algériennise, dit-on d'un homme qui s'affranchit de certains préjugés de clocher. Cela signifie-t-il qu'il soit *Français?* Non, il conserve son tribut personnel.

Toutefois, il subit par esprit d'imitation et très inconsciemment d'ailleurs, l'inévitable influence du milieu. Nous ne pouvons l'en empêcher, mais nous devons le plus souvent, hélas! déplorer cette assimilation rétrograde. La loi de 1889 est une des causes principales de cet état de choses, car en augmentant la famille française sous le prétexte qu'elle se mourait, d'unités aussi disparates, elle a favorisé le développement d'ambitions illégitimes et créé des dissensions où n'avait cessé de régner la concorde. Quand des rivalités s'établissent entre peuples d'origines différentes établis sur une même terre, il y a tout à craindre de ces passions heurtées. Les troubles récents en sont une preuve manifeste. Ceux que nous avons adoptés nous subissent, interversion fatale des rôles due à la négligence des gouvernements défunts. La gloire de la France n'eut-elle pas été d'implanter inexpugnablement ses traditions sur le sol algérien? De les faire respecter d'abord puis de les étendre aux aborigènes et aux étrangers, d'en faire apprécier l'essence généreuse, d'épandre à flots par des procédés plus spirituels que temporels une prépondérance qui eut empêché la naissance d'instincts séparatistes? Voilà où réside le mal, dans le désir d'une autonomie excessive, qu'on aurait comprise si elle n'eut été qu'économique, mais à laquelle l'imprudente loi de 1889 donnait un caractère purement politique, ce qui serait la négation de notre virilité, de nos droits et de nos espérances.

Ce qui était motivé pour Cuba, ce qui l'est actuellement pour le Transvaal situés à de considérables distances de la vieille Europe, ne saurait l'être pour l'Algérie, en relations quotidiennes avec la métropole. Implantés depuis des siècles sur le sol dont ils défendaient la neutralité, les Cubains et les Boers avaient des droits sur lui que n'eurent jamais — et qu'ils n'ont pas — les « étrangers » de notre colonie africaine. Ces derniers ne peuvent pas, en vertu de la proximité de leurs pays réciproques, se considérer comme livrés au hasard d'une lutte pour la vie en des contrées antipodiques. Il leur reste, avec le souvenir du hameau, du village ou de la ville natale, des tendances qui se perpétuent dans le milieu si favorable à leur entretien qu'est l'Algérie. Il est donc impossible qu'on s'impersonnalise, mais non pas qu'au contact des races autochtones et des milieux hétérogènes, on *n'atténue* sa mentalité première. C'est précisément de cette modification que résulte le désir de séparatisme des bandes régisthériques. Elles n'étaient plus, à vrai dire, entièrement calabraises ou madrilènes. Elles tenaient des deux quant aux défauts et devenaient algériennes sans avoir au même degré les qualités que nous reconnaissons à nos vaillants coloniaux. Il y eut une perversion de goûts telle qu'une confusion s'établit entre les origines et que le cosmopolitisme algérien se constitua en ligue contre les Français. Devions-nous laisser s'accomplir les projets des bandes mercenaires qui ont terrorisé le pays ? Et nos angoisses patriotiques n'étaient-elles pas grandement motivées ?

Prévenir un danger, c'est lui faire face. Cet ouvrage n'a pas d'autre but. Le péril étranger est le plus redoutable de ceux qui menacent notre belle colonie, mais c'est aussi celui qui a le moins sa raison d'être.

Nous avons accueilli sans contrôle des centaines de mille Italiens, Maltais ou Espagnols, alors que nous ne comptons que 49,840 israélites et, trop optimistes en nos prévisions, nous n'avons nullement veillé aux tendances de ces diverses races. Or, elles pactisent aujourd'hui entre elles pour nous subjuguer. La question juive n'est plus qu'un mythe, c'est la question Française qui est en jeu. Et des journaux, créés en vue de faire de l'antisémitisme, vivent du sémitisme pour lutter contre nos nationaux. Sans estime ni respect pour le gouvernement hospitalier qui les protège et prend soin de leur avenir, les bandes exotiques complotent contre la République et déprécient ses institutions. L'ennemi commun, c'est le Français, on ne saurait se le dissimuler davantage. Le mouvement tournant que les meneurs ont fait opérer aux tourbes étrangères n'avait d'autre but que de nous attaquer de biais pour nous surprendre et semer la terreur dans nos rangs. Cette solidarité des étrangers contre nous se manifeste journellement et rien n'a été tenté encore pour arrêter leur déplorable influence. C'est une honte, car le pays stagne dans l'attente de décisions qui s'imposent, et de piétiner par trop longtemps sur place, on finit par reculer. La véritable conquête économique de l'Algérie n'a commencé qu'en 1856, mais le décret de 70 et la loi de 89 l'ont fait dévier dans son évolution progressiste, de sorte qu'elle subit maintenant l'autre loi, si funeste, des rétrogradations. Que le Parlement s'inspire bien de ces tristes vérités et qu'il remédie à ce mal durant qu'il en est temps encore. C'est plus qu'une prière de la part de tous ceux qui aiment la France, c'est une supplication. Le danger est d'autant plus imminent qu'aux peuples latins se joint l'Angleterre pour l'exploitation industrielle de notre colonie. Nous connaissons son rôle jésuitique en Kabylie et ses main-mises sur les phosphates du département de Constantine. Il est une autre branche à laquelle, si l'on n'y prend garde, elle s'attachera sous peu, celle de l'exploitation de l'alfa.

Le *Bulletin des Renseignements généraux de l'Algérie* a signalé ce danger. Les insulaires auraient l'intention de créer des manufac-

tures de papier d'alfa pour la colonie qui
en consomme 6,500 tonnes tous les ans.

L'important, dit un journal français, est que
la chose soit pratique. Et il y a des chances
pour qu'elle le soit, puisque les Anglais la trouvent telle. Dès lors, pourquoi laisserions-nous
drainer par des étrangers un argent qui re-
présente pour nous une richesse future considérable ?

En effet, si ce sont des industriels anglais
qui s'installent pour la transformation sur
place de l'alfa, il est permis d'affirmer que l'é-
lément français n'entrera dans leur personnel
que pour une faible proportion ; nous verrons
arriver avec eux, toute une flottille de leurs compatriotes, qui se mettront au travail pendant
que les nôtres continueront à chômer.

En second lieu, les grands consommateurs
trouvant à réaliser des économies sur le trans-
port, s'adresseront, à qualité égale, à la fabri-
cation anglaise, et ce sont les maisons de
France qui devront rayer de leur papier les
6.500 tonnes qu'elles envoyaient jusqu'alors en
Algérie.

Enfin, les bénéfices réalisés par l'entreprise
prendront tout droit le chemin de l'Angleterre,
et il n'en restera ici que le strict nécessaire aux
besoins matériels de nos concurrents.

N'est-ce pas de notre part une inertie coupable ? Nous laisserons-nous déposséder une à une de nos chances de prospérité ? La veulerie apparente de l'administration française fait le jeu de nos concurrents qui amassent fortune où nous trouvons misère. Si nous faisions, en effet, le dénombrement des capitalistes espagnols, maltais, italiens, juifs, nous serions stupéfaits de voir combien de nos nationaux figurent au bas de cette échelle sociale de la Propriété. Il y a donc là un vice, une anomalie qui résultent principalement des imprudentes décisions de 70 et de 89.

C'est surtout depuis cette dernière date que nous avons assisté à de nombreux conflits locaux d'abord, entre Français d'origine et Français naturalisés, puis à des soulèvements qui eussent dégénéré en émeutes sans l'intervention de la force armée. L'antisémitisme était l'étiquette qui couvrait la marchandise.

C'est plus nous que les juifs qu'on cherchait à atteindre, et la preuve évidente en est dans les compromissions quotidiennes des meneurs avec Israël et les ignobles campagnes de presse contre les seuls bons et loyaux républicains. Au cri de : ! France aux Français ! des foules bigarré   de nationalités, de véritables kaléidoscopes humains où toutes les péninsules étaient représentées insultaient de sincères patriotes, suivant en cela les ordres de Régis, mais avec d'autant moins de difficulté qu'ils y étaient poussés par leur instinct de jalousie, de rancune, de haine. Natures incultes *en partie*, rebelles à notre éducation, les naturalisés conservent précieusement les préjugés de leur race et se refusent à s'affranchir des liens de l'ignorance. Ainsi paralysés dans un essor qui les eût rendus plus humains, plus justes, plus assimilables, ils ne peuvent s'assujettir au joug, peu pesant d'ailleurs, de notre enseignement.

Sans être aussi pessimiste que M Lenormend, nous avons toutefois constaté, comme lui, qu'à l'exception de quelques sujets d'élite, les enfants d'étrangers sont en effet désespérants.


Violents, malpropres, dit-il, quémandeurs rapaces de fournitures scolaires et de vêtements donnés par la commune, impolis, groupés entre eux et parlant obstinément leur langue maternelle, très fréquemment absents, ils retardent les progrès de leurs camarades sans s'assimiler l'enseignement qui leur est si libéralement donné. Écoliers peut-être, élèves non pas, — ils traversent bruyamment nos classes, coûtent à l'État beaucoup d'argent, à leurs maîtres beaucoup de peine, prennent la place des Français qu'on refuse de recevoir, — et sous l'influence de leurs mères et de leurs camarades restent comme devant, ignorants, superstitieux, hautains et surtout *étrangers*. Ils succombent sous le poids d'une hérédité d'ignorance plusieurs fois séculaire et fuient instinctivement l'étude, le travail intellectuel. Cette répugnance est telle, qu'il faut renoncer à donner aux étrangers même cette légère teinte de francisation reçue après cette vague traversée de l'école — la plupart ne veulent même pas s'y faire inscrire et arrivent au régiment ne sachant ni lire ni écrire.

Rien ne met plus vivement en lumière la gravité du péril étranger que cette résistance des Espagnols et des Italiens à un rapprochement par l'école, le seul efficace et profond.

Cette répulsion instinctive pour l'enseignement qu'on reçoit à l'école est des plus caractéristiques. Elle explique, sans les excuser, les dissentiments qui existent entre les deux catégories de Français : d'origine, naturalisés. Si l'on tient compte, d'autre part, que la naissance sur le territoire algérien constitue un fait matériel et *involontaire* qui ne saurait répondre de bons sentiments envers notre nation, quel espoir pouvons-nous caresser d'une assimilation rêvée par les imprudents législateurs de 1889 ?

Quand le seul sénatus-consulte de 65 était en vigueur, la bonne harmonie régnait dans toute la colonie. La loi de 89, en éveillant des ambitions, a créé au contraire l'agitation dont elle souffre. Cette agitation n'est pas seulement le produit d'une différence de vues, d'éducation, de mentalité, mais aussi de la jalousie des naturalisés pour les maîtres de l'Algérie. Nous ne saurions trop le répéter : venus après la conquête, n'ayant en rien collaboré à l'héroïque campagne d'Afrique, ils ont assurément beaucoup aidé à la mise en valeur du sol, alors toutefois que les plus gros périls étaient conjurés. Attirés par l'appât du gain, ils ont abandonné leur patrie de misère et se sont abattus sur l'hospitalière colonie française. Laborieux et économes, entraînés aux privations par une hérédité de dénuement, ils ont culbuté les difficultés de la première heure et, depuis, grâce à la coupable incurie de la métropole, ils se considèrent comme les principaux ayants droit de l'Afrique du nord.

Il ne faut pas s'y tromper. Le « nouveau débarqué » mal vu des *Algériens* n'est ni l'espagnol, ni le maltais, ni l'italien, c'est le Français. Eh ! bien, nous devons réagir contre ce courant qui entraînerait de jour en jour l'Algérie plus loin de notre zone d'influence,

Afin de mieux comprendre la nécessité de cette réaction, nous allons étudier séparément les dangers de la naturalisation dite automatique.

# V

## DANGER ÉCONOMIQUE

La naturalisation, d'après M. Lenormend, n'est qu'un expédient commercial. Dispensé de fournir caution en justice, autorisé à prendre part à toutes les ajudications, électeur et éligible à la Chambre et au Tribunal de Commerce, — où il pourra rendre service à des centaines de compatriotes — administrateur à titre de notable des Caisses d'Épargne, Monts-de-Piété, Bureaux de Bienfaisance et Hôpitaux où il ne manquera pas de faire preuve de générosité aux frais de la France et au profit des étrangers, enfin politicien influent et déclamant contre le péril étranger au nom d'un patriotisme d'autant plus exubérant qu'il est plus suspect, le *commerçant naturalisé est l'agent le plus redoutable de la conquête économique de l'Algérie par nos plus acharnés concurrents.*

Grâce aux droits que leur confère leur titre de citoyens Français, ils exercent un ascendant profond sur leurs compatriotes qui ont le double avantage, en leur donnant leur clientèle, de faire bénéficier un étranger comme eux et de s'assurer un protecteur, puisqu'il est Français. Le résultat de cette néfaste politique se traduit en chiffres d'une lamentable éloquence : ces milliers d'étrangers qui viennent dans notre Algérie gagner de beaux salaires et nous causer tant de dépenses seront-ils au moins nos clients et le marché national fournira-t-il ce qu'ils consomment ? Nullement. Les notables commerçants naturalisés n'achètent en France que ce qu'il leur est totalement impossible de trouver ailleurs : l'Angleterre, l'Italie, l'Allemagne, l'Espagne vendent en Algérie des millions de marchandises importées sous pavillons étrangers. Les ports algériens ont reçu dans l'intervalle d'une année :

804 navires anglais avec 964.875 tonnes de marchandises :

152 navires allemands avec 243.469 tonnes de marchandises.

1063 navires espagnols avec 175.785 tonnes de marchandises.

278 navires italiens avec 26.234 tonnes de marchandises.

Qu'on fasse aussi grande qu'on voudra, dans ce total de 1.410.363 tonnes de marchandises, la part du transit, on devra convenir que le commerce algérien fait à l'étranger un appel énorme de produits et surtout d'objets fabriqués dont la commande serait confiée à des maisons françaises, si la colonie ne comptait pas tant de commerçants d'origine étrangère.

En outre de ces déclarations, le même auteur cite les phosphates de la province de Constantine et les gisements pétrolifères du Dahra exploités par les Anglais, les alfas des hauts plateaux oraniens exploités par les Espagnols; la pêche, qui constitue une des plus importantes industries d'alimentation, exploitée par des Italiens. Près de cinq mille Génois ou Napolitains *naturalisés français* se livrent à ce métier sur toute la longueur de nos côtes. La naturalisation est exigée par les conventions maritimes, mais les bénéficiaires n'en conservent pas moins leur premier livret militaire et sont toujours parés pour rallier l'escadre de Castellamare ou de Tarente.

Où le mal économique sévit avec une intensité plus grande encore, c'est dans le monde des ouvriers de toutes les corporations. Par suite d'une infiltration incessante depuis 1889, le nombre des travailleurs étrangers est considérable par rapport à celui des travailleurs français repoussés insensiblement de tous les ateliers, de tous les chantiers, de toutes les usines.

C'est plus qu'une infiltration de nos jours, c'est une submersion. Les commerçants naturalisés, d'origine espagnole ou italienne, n'emploient, la plupart, que de leurs compatriotes dont le rendement est défectueux, mais dont le salaire est moins élevé. Au sujet de cette question de la main-d'œuvre, le *Bulletin de la Ligue du Reboisement* s'exprimait ainsi :

On ne peut évidemment pas, dans un cahier des charges, imposer à un entrepreneur l'obligation de n'employer que des ouvriers français ; mais il nous semble qu'on ne soulèverait aucune réclamation diplomatique, si l'on exigeait des entrepreneurs la qualité de français.

L'entrepreneur de travaux d'intérêt public est une sorte de fonctionnaire, provisoire, il est vrai. Par le fait, il a comme une délégation des pouvoirs administratifs qui lui confient une part de la fortune de la France pour exécuter des travaux d'intérêt national — tous les travaux publics, même ceux des communes, sont, en somme, d'intérêt national. — Pourquoi, dès lors, n'exigerait-on pas d'un entrepreneur ce qu'on exige d'un fonctionnaire, c'est-à-dire qu'il soit français?

L'entrepreneur français sera naturellement porté à n'embaucher que des concitoyens ; mais encore faut-il qu'il puisse le faire sans sacrifices de sa part. Or, les conditions de soumissions aux marchés actuels sont telles qu'il ne pourra rétribuer convenablement l'ouvrier français. Celui-ci entend — et il a raison — ne pas vivre aussi maigrement que l'ouvrier étranger. Limité par son taux de rabais, l'entrepreneur aura alors recours au dernier.

On a donc eu raison d'appeler l'attention de l'Administration sur la nécessité de réviser, dans les adjudications publiques, les clauses des soumissions au point de vue des rabais. Il faut, en effet, obtenir que les prévisions établies par les administrations reposent sur les prix qu'exigent les différentes catégories d'ouvriers et que ces prévisions soient maintenues à l'adjudication. Cela augmentera les devis, c'est certain, mais il faut voir les résultats.

Ainsi le chemin de fer de Blida à Médéa a coûté 25 millions. Or, sait-on combien il est resté de cet argent en France? A peine dix millions. Le restant est allé chez nos voisins les Italiens.

Supposons que pour n'arriver à employer que des Français, on ait dépensé 30 millions. La différence en plus eût été de 5 millions, il est vrai; mais tout cet argent ne serait pas sorti de France.

Il nous semble que cette considération mérite la peine d'être examinée par les pouvoirs publics. Nous ne pouvons indiquer une solution pratique, mais il faut que d'autres plus compétents la trouvent.

Au même moment, le gouverneur général publiait une lettre circulaire adressée aux Préfets des trois départements, dans laquelle il estimait que les travaux ayant un caractère de « travaux publics et exécutés sur les fonds du budget général ou local par les diverses administrations : État, Départements, Communes ou Établissements publics, doivent être confiés de préférence aux ouvriers français et, à leur défaut, aux indigènes algériens, plutôt qu'à des étrangers qu'on ne doit assurément pas exclure de parti pris, mais qui ne sauraient se plaindre que, sur une terre française et algérienne, on songe tout d'abord à des Français et à des Algériens.

» En ce qui touche les travaux de plus grande importance qui ne peuvent s'effectuer qu'à l'entreprise et en vertu d'une adjudication publique, il serait bon que les administrations intéressées voulussent bien s'inspirer, dans la rédaction des cahiers des charges, du même sentiment de sympathie pour l'élément national, en déterminant la part de main-d'œuvre étrangère que l'entrepreneur ne devrait pas dépasser.

» Cette part peut varier d'après la nature des travaux, les régions dans lesquelles ils s'effectuent et les lois ordinaires de l'offre et de la demande. Mais on ne devra pas perdre de vue, en fixant cette proportion, l'intérêt particulier que méritent nos nationaux. »

La conséquence de cet afflux d'ouvriers étrangers est l'avilissement des salaires. Or, cette modicité de gain entraîne une modicité de dépenses, c'est donc le commerce qui en souffre.

... Les naturalisés n'éprouvent pas les mêmes besoins que nous, était-il dit en 92 dans un rapport de la Ligue oranaise des Travailleurs Français. Notre manière de vivre est plus respectable et nos mœurs sont plus élevées. A nombre égal de consommateurs, les fournisseurs doubleraient le chiffre de leurs affaires avec une mainmise en majeure partie française.

Ce calcul en fait foi :

En mettant seulement à 0 fr. 50 par personne étrangère la perte résultant pour le *commerce algérien*, c'est une perte de 100,000 fr. par jour, de 36,000,000 par an. C'est-à-dire 36,000,000 qui se dépenseraient sur l'habillement, sur la chaussure, en objets de toutes sortes. Où l'effet est désastreux, peut-on dire, c'est en ce qui concerne le principal produit du pays : *le vin*, dont les colons ne trouvent pas l'écoulement et pour lequel il a été fait une campagne incompréhensible, afin d'être protégé, à son entrée en France, contre les vins étrangers.

Qu'on suppose 200,000 Français qui boivent du vin, eux, au lieu de 200,000 étrangers ne buvant que de l'anisette d'Espagne ou autre liquide de valeur semblable, et que l'on suppose le quart seulement de 36,000,000 perdus pour le commerce algérien, se portant sur le vin. Qu'en résulterait-il? — Il en résulterait, — en outre d'une santé générale bien meilleure, — que les colons à l'heure actuelle produiraient à peine assez de vin pour la consommation du pays; qu'ils pourraient continuer à planter de la vigne sans avoir besoin d'une production dont les travailleurs paient deux fois les frais; la première fois par une plus grande cherté, la seconde fois par le travail qui leur est de plus en plus enlevé au profit d'étrangers.

En ce qui concerne le *commerce français*, la perte subie se raisonne et se comprend de la même façon. On peut ajouter que la perte subie de ce côté est augmentée par ce fait, que les étrangers dont nous parlons, vivant groupés en aussi grand nombre, conservant leurs goûts, leurs habitudes, qu'une importante partie des objets ou denrées dont ils ont besoin pour la satisfaction de leurs goûts, de leurs habitudes, sont importés de leur pays et que c'est autant d'enlevé à l'importation française en Algérie.

De ce qui précède, il résulte, en admettant même que depuis 1892 ces approximations aient varié, que le danger économique existe d'abord, mais qu'il est d'autant plus grand que les étrangers jouissent de nos droits, que la vie, de ce fait, leur étant facilitée au détriment de nos compatriotes, ils voient de jour en jour s'accroître leurs colonies respectives.

Qu'adviendrait-il s'il en était longtemps ainsi ?

Et ces messieurs du quai d'Orsay et du Luxembourg qui traitent avec indifférence la question algérienne, se sont-ils jamais expliqué que leur désintéressement blâmable pourrait susciter de funestes désespoirs de la part des colons français qui, pour ne jurer que par la métropole, n'en aiment pas moins ce sol où ils ont semé de leur sang, de leur fortune, de leurs illusions ? Car on l'aime pour tout ce qui rappelle en lui la patrie absente, on l'aime pour les charmes qu'il a en plus que notre France adorée.

Se peut-il que les membres du Parlement qui assistent à l'aurore du vingtième siècle se soient laissés devancer par leurs collègues du commencement du dix-neuvième sur le terrain du patriotisme, de l'amour du pays, de la fierté généreuse en sa fermeté, qui s'attache au titre de *citoyen* ? Nous relevons, en effet, dans le discours de M. Gary, orateur du Tribunat, prononcé à la séance du 17 ventôse, an 11, cette page magnifique que nous soumettons aux méditations de nos modernes législateurs. Elle est d'une actualité d'autant plus saisissante, qu'elle traite de l'accueil à réserver aux étrangers.

... Nous opposera-t-on, disait M. Gary, que nous détournons les étrangers de nous apporter leurs capitaux? Nous leur donnons au contraire des facilités telles que n'en donne aucune autre nation; nous les invitons à se fixer eux-mêmes sur notre territoire, avec les fonds qu'ils voudront nous apporter, et qui dès lors se confondront à jamais avec la richesse nationale. Nous n'exigeons d'eux, pour les rendre Français, et les faire jouir de tous les droits attachés à cette qualité, qu'une simple déclaration qu'ils veulent le devenir, et une résidence continue qui prouve la vérité de cette déclaration. Et pourquoi ne le dirions-nous pas? le nom français a été porté à une assez grande hauteur pour qu'on ne le prodigue pas à ceux qui ne croient pas devoir le solliciter. Sans doute la richesse est une partie de la puissance; sans doute les nombreux capitaux excitent et fécondent l'industrie; mais il nous faut aussi des cœurs français; et l'honneur d'appartenir à la

Grande Nation vaut bien la peine qu'on daigne le mériter et déclarer qu'on y aspire.

Que pensent les fauteurs de 1889 du noble langage de nos magnanimes ancêtres de 1789 ?

# VI

## DANGER POLITIQUE

Monsieur de Chéon a défini en quelques lignes un danger aussi redoutable que le danger économique, c'est le danger politique créé par la loi sur les naturalisations des étrangers.

Les étrangers établis en Algérie, dit-il, naturalisés ou non, ne s'occupaient guère de politique; les élections municipales seules les intéressaient un peu, et encore suivaient-ils les conseils des quelques Français d'origine qui dirigeaient les communes avec leur concours. Mais la vieille génération est noyée déjà dans la masse de ses propres enfants, jeunes gens de vingt à vingt-cinq ans, néo-français de par la loi de 1889, *anciens zouaves*, têtes chaudes et inexpérimentées dont les politiciens et les ambitieux se sont servis récemment et dont ils se serviront encore. Cette jeune génération de naturalisés que la loi précitée va grossir tous les ans d'éléments aussi peu expérimentés, aussi mobiles, constitue pour l'influence française un danger réel parce qu'ils sont et seront la proie de quelques énergumènes sans scrupule et sans patriotisme, qui s'en feront un tremplin pour leur ambition.

Là est toute la psychologie des troubles, non plus antijuifs, mais bien antifrançais que Régis a cyniquement fomentés.

En vue des élections qui devaient le conduire à la mairie, Max fit vibrer la corde du séparatisme, flatta les secrets désirs d'une partie de la « nouvelle génération de naturalisés. »

Peu scrupuleux quant aux moyens à employer, il suivit les pires ennemis de la République dans leur équipée contre elle, combattit ses défenseurs, ameuta sur leur passage la valetaille cosmopolite et lui fit croire à la faiblesse d'un gouvernement qu'il haïssait, parce qu'il en redoutait les décisions. Cette tactique lui réussit d'ailleurs

et lui valut l'écharpe de maire. Sans la loi
de 1889, Alger n'eût pas eu à déplorer une...
erreur de cette nature. Régis a été élu par
les « naturalisés » et non par les Français
d'origine qui n'ont pas voulu, en s'abste-
nant, souscrire à une mauvaise action. Non
seulement il avait été parjure à ses serments, mais traître à sa Patrie d'adoption.
Parjure, pour avoir au prix de servilités
grandes, manqué à de solennelles promesses. Traître, parce qu'il avait renié du
jour au lendemain les amitiés dont il s'était
servi, en cherchant à faire écharper leurs
trop crédules auteurs.

Parjure et traître, tel est l'homme déifié
en une heure d'affolement, celui qui devait
assister au détachement insensible des
sympathies les plus fortes pour y voir substituer le dédain, l'indifférence.... mais
aussi, le regret. Oui, on regrettait tardivement de n'avoir pas eu de « flair » et
quelques conseillers municipaux, s'aperce-
vant *enfin* que leur bonne foi avait été surprise, démissionnèrent, emportant l'estime
de tous et conservant leur dignité d'hommes
libres. Ceux du conseil municipal qui per-

sistèrent dans leur insipide erreur allaient, quelques mois plus tard, s'achever dans l'opprobre en souillant le drapeau qui flotte au balcon de l'hôtel de ville.

Le mardi, 18 juillet, le gouverneur revenait de Paris où l'avait appelé l'interpellation sur la colonie. A peine avait-il touché le sol de l'Algérie, que le pavillon de la mairie fut « amené », monstruosité sans précédent. Cette insulte à la République bafouée dans son représentant souleva l'indignation de tous les bons Français. Le lendemain, 19 juillet, encore sous l'empire de cette iniquité, nous écrivîmes un article intitulé : « Gredins ! » contre les conseillers que nous valait la loi de 89, dont nous extrayons le passage suivant :

Est-il une insulte plus grande faite au pays que celle d'enlever du fronton de la Maison Commune le symbole de nos gloires et de nos libertés, le jour où la Nation nous envoie son représentant ? Voilà cependant ce qu'ont fait des mains mercenaires. Et ces mains sont celles de conseillers municipaux, d'êtres désignés par le suffrage universel — pardon, très restreint en la circonstance — à la gestion des affaires de notre capitale...

C'est à en rêver !

On se demande effectivement si après les siècles de luttes qui devaient consacrer l'établissement d'un gouvernement démocratique et la substitution du bleu, blanc, rouge, à la blancheur de la loque monarchique, il est possible de constater une telle vilenie de la part d'hommes qui se réclament de leur indépendance, de leur patriotisme, de leur dévouement à la cause prolétarienne. Car, ici, je n'entends pas ne comprendre que l'élément *essentiellement français*.

Je m'adresse à *tous* ceux qui peinent, à tous ceux qui travaillent, à tous ceux qui vivent à l'abri de nos institutions. Qu'ils soient Espagnols ou Italiens, Allemands ou Autrichiens, Maltais ou Suisses, ils doivent le respect au drapeau, la vénération au pavillon national arboré au fronton de l'Hôtel de Ville.

Ce drapeau, il est inviolable. Nul n'a le droit d'y toucher, de l'enlever à l'admiration populaire. Et personne surtout plus que des conseillers municipaux, n'a le devoir d'en faire aimer et admirer les trois couleurs. Eh bien ! il fallait être à Alger, le 18 juillet de l'année 1899, pour assister à la plus formidable iniquité de l'époque, à la maculation du symbole de la Patrie.

Et ce sont les élus des bénéficiaires de la loi

de 1989 qui s'autorisent de pareilles infamies, qui commettent cette ignominie de polluer le pavillon de France au débarquement de celui que *leur ami* Morinaud appelle le « civis romanus. »

Si je ne connaissais la petitesse de ces histrions, j'attribuerais volontiers cet acte à la honte qu'ils ont ressentie de voir flotter au balcon de leur demeure, au moment où un grand Français débarquait en Algérie, un drapeau dont la signification de droiture, de dévouement, de justice, répondait mal à leurs instincts de jésuitisme, d'ingratitude et de partialité. Mais en leur âme et conscience, ils ont obéi à un tout autre sentiment, que je laisse le soin à l'Algérie entière de qualifier comme il le mérite.

D'autres voix se firent entendre, plus autorisées, plus énergiques et le vrai peuple comprit qu'il avait été mystifié par la théorie d'ambitieux qui venaient d'élire domicile à la Maison Commune. Sans la loi de 1889, Alger n'aurait pas eu à enregistrer dans ses annales, l'outrage à la République dont sa municipalité, élue par une majorité d'étrangers, s'est rendue coupable...

M. Montbrun, en séance du conseil général d'Oran, a exprimé nettement son opinion au sujet de cette loi.

Si j'avais à exprimer mon sentiment personnel, disait-il, ma théorie serait bien simple ; je voudrais que la loi dise : sont seuls électeurs les Français d'origine, à l'exclusion des israélites et des étrangers, nés en Algérie.

Il faudra que nous en arrivions là si nous voulons défendre ce pays, le conserver et mettre un terme à toutes ces agitations qui paralysent son développement depuis quelques années.

Le mal est grand à l'heure actuelle, puisque M. Vinci vous proposait dans son amendement de prendre des mesures pour qu'on cesse de prêcher en espagnol et pour que, dans nos écoles et au régiment, on ne parle que la langue nationale.

Nous sommes tous d'avis qu'il faut imposer à ces néo-naturalisés notre nationalité, nos mœurs, empêcher par exemple que dans nos églises on prêche en espagnol et que dans nos écoles on parle cette langue.

M. H. Giraud disait hier, au nombre des faits qu'il nous a cités, que nous avons tous été révoltés de voir, au moment de la période électorale, des affiches espagnoles couvrir les murs. Nous avons tous souffert de cette humiliation en effet. Elle a été d'autant plus grande que des députés français espagnolisaient eux-mêmes leur nom en signant : « Carlos, Eduardo » et en datant leurs affiches du « dia del Ascension ! » s'adressant à « los espanoles ! »

Il faut que ces mœurs cessent et que l'Algérie soit absolument aux Français.

C'est dans ces conditions qu'il faut chercher une formule. Prenons si vous voulez celle dans laquelle le conseil général s'est cantonné depuis quelques années et que le conseil supérieur s'est appropriée en demandant l'abrogation pure et simple de la loi de 89, car tout le monde est de cet avis que ce n'est pas d'un trait de plume, par un décret ou par une loi, qu'on fabrique des Français.

Ici, plus encore qu'ailleurs, on se rend compte de la véracité de cette affirmation. On a cité l'exemple des États-Unis. Mais quand les Allemands immigrent dans ce pays, des milliers de lieues les séparent de leur patrie, tandis qu'en Algérie, les Espagnols et les Italiens sont à quelques heures seulement de chez eux.

Une autre preuve d'ailleurs que cette loi de 89 n'était pas nécessaire, c'est que ceux-là même à qui elle profite ne l'ont pas demandée. Cette loi est venue on ne sait comment, ou plutôt on le sait et je vais vous montrer comment, de cette idée insensée que possèdent en

(1) Charles Marchal, Edouard Drumont

Algérie il ne venait pas de Français, il fallait en
faire à tout-prix ; et on a pensé qu'il suffirait
pour cela d'habiller en Français, les Espagnols
et les Italiens nés en Algérie.

Ces étrangers ont reçu tous les bienfaits de la
France sans les avoir sollicités, et aujourd'hui
nous sentons les effets déplorables de l'application de cette loi.

M. Vinci disait hier : Il ne faut pas abroger la
loi de 89, il faut chercher à en atténuer les effets, car les Espagnols naturalisés nous ont aidé
à enlever la citadelle juive.

Eh bien, c'est cette agitation que je crains.
Oui, je vois ces néo-naturalisés descendre aujourd'hui dans la rue pour prendre la citadelle
juive, et je redoute de les voir monter demain
à l'assaut d'une autre citadelle, obéissant ainsi
à ceux qui leur parleront de la liberté comme
on en parle au prêche. Je crains qu'à ce moment, ces étrangers naturalisés aident les réactionnaires à monter à l'assaut de cette autre citadelle à laquelle nous tenons tous, à l'assaut de
la citadelle républicaine. (*Applaudissements.*)
Je crains qu'à un moment donné, après avoir
aidé à renverser la citadelle juive avec cette volonté et cette énergie que nous leur connaissons, ils nous créent ici des embarras considérables que notre patriotisme, notre attachement
à la France et à la République doivent nous
faire envisager.

Je ne veux pas insister plus longuement sur ce point.

En échange du travail qu'ils ont fait dans ce pays et de la main-d'œuvre qu'ils y ont apportée et à laquelle je rends hommage — je suis Algérien, j'ai vu les Espagnols au travail, et ce que j'avance là n'est pas pour qu'on puisse répéter demain que j'ai dit du bien ou du mal d'eux, — ils y ont eu leur compte : nous les avons hospitalisés jusqu'à ce qu'ils trouvent du travail, nous leur avons donné des secours, nous avons même, on le rappelait encore ces jours-ci, reçu leurs femmes qui venaient faire leurs couches ici et qui s'en retournaient ensuite, nous avons tout fait pour eux. Donc, s'ils se sont fixés ici, c'est en vertu du vieil adage « *ubi bene, ibi patria.* » Il n'y avait pas de travail en Espagne, ils sont venus chez nous, ils y sont restés.

Nous avons donc été bons princes avec eux, et nous irions leur donner ce droit sacré que nous avons conquis en 1789 et en 1848, après des révolutions, ce droit sacré que seuls nous avons le droit de posséder. Nous leur donnerions ce titre sans savoir d'où ils viennent, ce qu'ils veulent et ce qu'ils ont fait. Le titre de citoyen français, comme autrefois celui de citoyen romain, est un titre qu'il ne faut pas prostituer et qu'il faut laisser à ceux qui l'ont conquis.

J'ai dit que la promulgation de la loi de 89 a

été une erreur. Laissez-moi en achever la démonstration avec quelques citations.

Dans la courte étude que j'ai faite, je me suis reporté au rapport de la commission du Sénat et j'y vois ceci :

« ... On fait valoir pour l'Algérie la progression rapide et presque *inquiétante* de la population étrangère comparativement à la population française... »

L'orateur du Sénat donne les chiffres et ajoute :

« Quoi de plus légitime que de déclarer Français les enfants qui naissent de ces étrangers en Algérie et qui y résident à l'époque de leur majorité ?

» Dans de telles circonstances, le *jus soli* ne s'impose-t-il pas et ne devient-il pas *l'unique moyen* d'assurer, pour l'avenir, la prédominance de l'élément français sur l'élément étranger ? »

Ainsi, parce qu'on a considéré, après avoir donné les chiffres signalés, le danger que l'unique moyen d'assurer la prépondérance à l'élément français, c'était en vertu du « jus soli », on donne le titre de citoyen français à celui qui serait ainsi né en Algérie.

C'est imprudent, je dirai même plus, c'est insensé, et celui qui tenait ce langage ne se rendait pas compte de la situation qu'il allait nous créer en Algérie.

Au lendemain de la promulgation de cette loi, nous nous préoccupions déjà de ses conséquences et la presse aussi. C'était une grave erreur, je l'ai dit déjà, de penser que parce qu'il ne venait pas de Français en Algérie, on pouvait en franciser ainsi, comme s'il était possible en si peu de temps de faire d'un Espagnol un Français. Après avoir fait un an ou trois ans de service militaire, ne restera-t-il pas Espagnol ?

Est-ce que les Napolitains de Mers-el-Kebir, où je suis né et que je connais bien, sont devenus Français? Y en a-t-il beaucoup qui le soient devenus parmi ceux que j'ai connus depuis mon enfance? Non, ils ne deviennent pas Français par cette francisation : ils ne parlent pas notre langue, ni la langue espagnole, et c'est nous qui sommes obligés de nous verser dans la connaissance de la leur.

En vous livrant ces réflexions, je rappelle cette expression très juste d'une annotation du livre de M. Leroy-Beaulieu, et dans laquelle M. Paul Bourget dit que la naturalisation altère le type national français. C'est vrai. Quand je vois ces étrangers qui encombrent nos écoles et qui ensuite ne veulent pas venir à nous, j'en conclus non seulement qu'il n'est pas possible qu'ils se francisent et forment un appoint véritablement français, mais qu'encore ils altèrent ici notre type national.

M. Vinci faisait hier une distinction ; il disait : il y a tout à attendre d'eux. Ce sont des Latins. Ce n'est pas comme les Orientaux, que nous n'assimilerons jamais parce qu'ils sont éloignés de nous par un véritable abîme, tandis que les Espagnols et les Italiens sont nos cousins germains.

Ah ! si nous nous rappelons leur attitude en 1870, nous constatons qu'ils ont été surtout germains et qu'ils ont oublié qu'ils étaient nos cousins.

Et cela non seulement en 1870, mais encore après. Le premier cousin germain qui soit entré dans Strasbourg mutilé, a été le roi d'Espagne, pour se faire coiffer du casque de uhlan prussien.

Je vous avoue que je n'ai aucune confiance dans l'assimilation de ces néo-Français. Je n'admets en aucune façon la distinction faite par M. Vinci et je persiste à dire qu'il n'y a dans ce pays qu'un homme qui a le droit de porter un bulletin dans l'urne comme électeur, c'est le Français, celui qui n'a que du sang français dans les veines.


Ce sont là de saines, de sages paroles prononcées par un Français d'origine, mais né en Algérie, à Mers-el-Kébir, ce qui leur donne une saveur particulière. Evidemment, M. Montbrun, comme tout homme généreux, a dû ébaucher le rêve d'une solidarité universelle, mais quand il a vu ses semblables tels qu'ils étaient et non tels qu'il les eût voulus, il a compris l'inopportunité de ce désir.

Consultons l'histoire de tous les peuples, et jetons surtout nos regards autour de nous. Si l'on fit tant d'efforts pénibles et trop souvent inutiles pour maintenir l'harmonie dans une seule nation, dans une seule famille, pouvons-nous raisonnablement espérer la réalisation d'une harmonie universelle et le monde moral doit-il être plus que le monde physique à l'abri des ouragans et des tempêtes?

Au lieu de se livrer aux illusions trop souvent trompeuses des théories, ne vaut-il pas mieux faire des lois qui s'appliquent aux caractères et aux esprits que nous connaissons?

écrivait Treillard au dix-huitième siècle. C'est une vérité de tous les temps et nous ne pouvons en nier l'application à la crise de l'Algérie moderne.

MM. Mesplé dans la *Nouvelle Revue*, M. Cat dans l'*Algérie Nouvelle*, ont aussi signalé le péril étranger. « Si nous ne réagissons, disait M. Cat, l'autorité en ce pays va passer à des fils d'étrangers. Ils feront bientôt la loi dans les conseils municipaux et généraux, éliront les députés et sénateurs. Déjà ils se disent non pas Français mais Algériens. Une moitié de l'Algérie qui vote ne vibre pas à l'unisson de la métropole. Il n'est pas nécessaire d'insister sur la gravité de cette situation... »

M. Fleury Ravarin, dans une étude sur la réorganisation administrative de l'Algérie, lui aussi, a émis des doutes sur l'amour des étrangers pour la France.

« — Redevenant Français, dit-il, ces gens-là deviennent électeurs, et ils pèsent lourdement dans nos affaires par le bulletin de vote dont ils sont armés.

» Avec une société politique fondée sur de telles bases, faut-il s'étonner qu'il ait pu s'établir en Algérie les stupéfiantes mœurs électorales que l'on sait? »

Au moment des interpellations (1) sur l'Algérie, il avait été décidé en principe qu'une commission d'enquête serait nommée à l'effet d'étudier sur place le bien fondé de nos revendications.

Deux mois après, en juin dernier, M. Pourquery de Boisserin, assisté de MM. Viguier, Perillier, Gougeon et Meyer s'embarquaient à Marseille, à destination d'Alger, et se livraient de suite aux travaux dont ils avaient la charge.

Au cours de ce voyage d'études, le Président de la commission parlementaire acquit à son tour la conviction que l'application de la loi de 1889 constituait un danger. L'enquête lui révéla lumineusement qu'il existait un « esprit particulier » qui pouvait « devenir un péril ».

« Les Français d'origine, dit-il dans son rapport, que les biens d'intérêts de famille attachent à la Mère-Patrie, qu'ils aiment avec le sentiment puissant fait des souffrances, des espérances communes, du souvenir des gloires et des défaites héroïques, de la pensée reportée vers ce coin de terre où les pères ont vécu, où reposent la mère, le frère, la sœur, sont enserrés au milieu d'une population étrangère prolifique qui ne connaît pas la France. Naturalisés globalement par des lois successives toutes regrettées, ces étrangers, qui n'avaient point sollicité le titre de citoyen français, n'en comprennent pas la grandeur ; ils n'en aiment pas les devoirs. Un grand nombre, pour ne pas dire tous, parlent et pensent dans une autre langue. Les souvenirs, les intérêts les écartent de nous, et très lentement viendra l'heure (si même elle doit jamais venir pour quelques-uns) de l'assimilation qui leur donnera l'âme française.

Grossir ce péril serait une faute. Ne pas le voir, le surveiller, l'éviter, serait plus qu'une faute. Peut-être serait-il sage de faire d'abord la réforme des lois sur la naturalisation. »

Niera-t-on la valeur de pareils arguments ?

Les mêmes craintes ont été exprimées par un grand nombre d'hommes politiques : MM. Jacques et Guettier d'Oran préconisent un texte de loi spéciale à l'Algérie ainsi conçu :

Sont électeurs en Algérie les Français d'origine, les israélites naturalisés individuellement et les étrangers à quelque nationalité qu'ils appartiennent, mais à la deuxième génération.

Les enquêteurs de la commission parlementaire accueillirent favorablement ce projet, estimant qu'il éluderait les idées séparatistes qui, fatalement, se produiraient, si l'élément étranger avait la prédominance.

Nous pourrions invoquer d'autres témoignages aussi probants. Mais il résulte suffisamment de ce qui précède que la loi de 1889 constitue une faute grossière. Il faut la réparer au plus vite. Avec le 89 de nos pères, cette date forme une antithèse déplorable.

Tandis que le 89 du dix-huitième siècle était la consécration d'une lutte gigantesque pour la liberté et la conquête du titre de *citoyen*, nous célébrons, nous, son centenaire en accordant ce titre d'un seul trait de plume à des légions d'étrangers. Petits-fils irrespectueux de nos grands ancêtres, nous recueillons le fruit de notre ingratitude, car le naturalisé, à quelques exceptions près, n'aime pas le Français d'origine. Né sous un régime monarchique, il a des tendances à combattre un régime constitutionnel, et il l'a suffisamment prouvé depuis que l'italien Régis a mené campagne contre les défenseurs autorisés de la République.

# TROISIÈME PARTIE

## LE PÉRIL ARABE

VII. Influence des « troubles » en pays musulman.
VIII. Rôle des confréries.

---

# VII

## INFLUENCE DES « TROUBLES » EN PAYS MUSULMAN

Ces émeutiers cosmopolites aux grands gestes désordonnés, aux déclamations creuses, s'attirèrent l'admiration de beaucoup d'arabes en qui sommeille un vieux levain de résistance, de bataille. Et les chechias rouges émaillèrent les bandes d'escarpes qui envahirent la rue depuis la scission du parti antisémite. Nous n'avons pas pour but dans cette œuvre de différencier les mentalités de l'indigène et de l'étranger, de la nôtre. Nous ne voulons que prouver à la France qu'un danger existe, considérable, doublement par suite de l'imprudente loi de 1889, danger provenant des haines avivées contre nous par les régisthériques de toutes nationalités et les Arabes enrôlés sous la bannière de Max.

La question indigène à elle seule demanderait des développements que nous lui donnerons plus tard. Aujourd'hui, nous ne voulons savoir de ce peuple soumis à notre domination que ses sensations en présence de l'anarchie créée par Régis. Or, Jules Roche, dans *Trente-deux ans à travers l'Islam*, cite cette phrase de Sidi-ben-Embarek qui donne exactement la note que nous cherchions à connaître :

« Les arabes ne comprennent qu'une chose, c'est qu'ils sont les plus faibles et que vous êtes les plus forts. Ne cherchez donc pas à nous faire apprécier les bienfaits d'une civilisation que nous repoussons puisque vous nous apprenez vous-même que ce mot signifie absorption des musulmans par les chrétiens. Croyez-moi, restez forts et toujours forts, car le jour où les arabes découvriraient que vous êtes faibles, ce jour-là, ils oublieraient votre clémence, votre justice, vos bons procédés, et ne se souvenant que de vos deux titres de chrétiens et de conquérants, *ils vous jetteraient à la mer qui vous a apportés.* »

Voilà qui est net, voilà qui est vrai. L'indulgence de la magistrature et de l'autorité gouvernementale fit longtemps croire à cette faiblesse de la France, et la prédiction aurait pu se réaliser sans l'intervention de M. Laferrière et l'énergie indomptable du préfet d'Alger. Toutefois, il était grand temps d'agir. On sait le mécontentement soulevé chez les indigènes par le décret Crémieux. La loi de 1889 ne fut pas de nature à apaiser leur ressentiment. La *Nouvelle revue internationale,* à la date du 20 janvier 1899, signalait, sous la signature de Mohamed-Ibrahim, cette diminution du respect des arabes pour la France. Il est bon d'écouter ces avertissements, mais il est préférable d'en empêcher la réalisation. Au lieu de se désintéresser d'eux au profit d'étrangers qui nous jalousent, ne serait-il pas de toute justice qu'ils eussent nos préférences ? Nous n'avons pas ici à indiquer lesquelles, mais nous nous assurerions une sécurité qui n'est que relative et nous suivrions nos traditions de générosité, de justice à l'égard des peuples vaincus.

Les derniers événements n'ont pas été sans aider à nous discréditer aux yeux des indigènes. Aussi l'appel que leur a adressé Régis a-t-il été entendu. Son nom était devenu populaire dans le monde musulman jusqu'aux territoires qui nous ont été alloués par la convention anglo-française du 21 mars 1899 : le Baghirmi, l'Ovadaï, le Kanem. Une légende s'était créée d'un être merveilleux, d'une sorte de grand prophète appelé à réaliser d'étranges et mystérieuses choses. Un chef arabe, jouissant dans l'extrême sud d'une influence considérable, retour du pays touareg, nous dit en octobre dernier avoir entendu parler dans ces régions perdues du « sauveur » Max Régis. Les indigènes devaient reconquérir leur empire et Régis serait l'artisan de cette revanche. Déjà ils procédaient à des approvisionnements d'armes et de munitions, malgré les difficultés que leur opposait l'administration et la surveillance dont ils étaient l'objet. Une sourde irritation fermentait plus spécialement dans les tribus de la province de Constantine. Sans but bien défini, elles se préparaient à quelque hypothétique soulèvement, des missionnaires musulmans ayant colporté les nouvelles d'une émeute où la France avait le dessous. Tous ces bruits mensongers, habilement entretenus chez cette population crédule, prenaient une consistance qui nous eût alarmés si d'énergiques mesures de préservation ne l'avaient enrayée sur le champ. Certains journaux protestèrent contre ce nouveau péril, jouèrent au sceptique, en démentirent l'existence pour mieux endormir la vigilance du gouvernement. Mais cette collaboration tacite n'aboutit qu'à motiver un redoublement d'attention, de sorte que ceux qui rêvaient une réédition de l'insurrection de 71 furent obligés d'abdiquer toute prétention de cette nature. Encore aujourd'hui, on protestera contre le « danger arabe » encouru aux mois de février, mars, avril 1899 ; nous certifions, nous, qu'il s'est fait sentir, qu'un vent de rébellion a soufflé sur les douars et que l'étendard des révoltes était prêt à sortir de sa gaîne. A Alger même, de secrets conciliabules de musulmans étaient tenus et des collectes faites en vue de la *résistance*. Régis devint un dieu pour les indigènes, un dieu qui exploita leur naïveté, leur insuffla des idées de haine contre les maîtres de l'Algérie. Dans le branle-bas de la rue, ils virent une déchéance de la France et la nouvelle s'en propagea dans le monde entier de l'Islam. Comment ne pas s'émouvoir d'un pareil mouvement dans les consciences ? L'impressionnabilité du peuple arabe n'a d'égale que son imagination féconde, de sorte que les bruits parfois les plus fantaisistes prennent chez eux des proportions gigantesques.

Les méthodistes anglais achèvent l'œuvre dissolvante tentée par les naturalisés, en catéchisant les populations kabyles au point de leur faire croire à l'incurable faiblesse de leurs vainqueurs d'antan et à la toute-puissance de John Bull. A cet effet, ils sèment gros sous et brochures, traduites en arabe, sur leur passage, soignent gratuitement les malades, parlent leur langue, implantant dans les tribus le désir de secouer lejoug de notre domination. C'est ainsi que par delà les sommets du Djurjura, ces propagandistes tendent la main aux néo-français du littoral, pour ravir à notre influence cette Algérie fécondée de notre sang et de nos millions.

Les premiers événements de 1898 avaient éveillé dans les milieux parlementaires des craintes légitimes. On se demandait si, par suite des mesures imprudentes que constituaient le décret de 70 et la loi de 89, les arabes qui avaient en Algérie le droit du « premier occupant » ne trouveraient pas excessif qu'on les écartât de tout privilège. M. Jaurès fut un des premiers à poser la « question »... et à la résoudre, puisqu'il alla jusqu'à prétendre qu'il fallait leur accorder le droit électoral.

M. Dupuy, alors président du conseil des ministres, dans la séance du 23 décembre 1898, ne fut pas de cet avis et prononça un discours, très écouté d'ailleurs, où il réfuta les arguments du député socialiste :

Si tout-à-l'heure, dit-il à l'époque, nous pouvions nous plaindre de ce que j'appelais l'infiltration de l'étranger dans la population algérienne, je dirai maintenant qu'avec la mesure proposée, ce ne serait plus l'infiltration mais l'absorption, l'inondation. Il y a, en effet, 4 millions d'indigènes pour 400.000 Européens. Mais, messieurs, les musulmans eux-mêmes n'y tiennent pas et nous en avons pour preuve le très petit nombre de ceux qui demandent chaque année la nationalité française. Il n'y en a pas plus de trente à quarante. Cela ne nous empêche pas d'avoir le sentiment de nos devoirs envers les indigènes, de savoir ce que nous devons à ces sujets français dont l'existence sous notre souveraineté fait de la France une grande puissance musulmane. Nos actes et nos dispositions à l'égard de ces peuples ne sont indifférents à aucune des parties de l'Islam ; nos démarches ont une répercussion considérable sur toutes les autres parties du monde habitées par cette race. Comme on l'a dit à cette tribune, par la possession d'une grande terre musulmane, nous avons entre les mains la porte de l'Afrique ; il nous appartient de l'ouvrir ou de la fermer. Notre devoir est certainement de l'ouvrir, mais nous ne parviendrons à l'ouvrir et à la tenir ouverte pour l'honneur de l'Algérie et de la France, que si nous sommes bons et bienveillants envers les indigènes, si nous savons leur montrer que nous avons nous-mêmes le très grand souci de notre dignité et le très grand respect de notre parole.

Précédemment, M. Barthou avait répondu, en qualité de ministre de l'intérieur, le 19 février 1898, d'une façon analogue à la « question » de M. Jaurès.

La politique de M. Jaurès, disait-il, ainsi définie pour un avenir lointain, ne saurait être absolument combattue par le Gouvernement. Je constate au contraire qu'il y a des lois desquelles il résulte que dans certaines conditions particulières, lorsqu'ils ont fait au nom de la France et pour la France le service militaire, les musulmans ont la possibilité d'acquérir la nationalité française et les droits des citoyens français.

Mais si M. Jaurès connaît les questions algériennes, d'autres, il me permettra de le lui dire, les ont examinées plus profondément que lui, d'autres qui ont vécu plus près des indigènes et sont allés plus au fond des choses.

M. Viviani par exemple, expliquait à la tribune il y a deux ans, au cours d'une interpellation de M. Fleury-Ravarin — et ceux qui connaissent l'Algérie le savent — que la plus grande difficulté pour faire accepter par l'indigène le droit électoral consiste précisément dans la résistance des indigènes eux-mêmes.

M. JAURÈS. — Parce qu'on y met des conditions inacceptables.

M. LE MINISTRE DE L'INTÉRIEUR. — Des conditions inacceptables, M. Jaurès? Cette condition inacceptable à laquelle vous faites allusion consiste sans doute dans la renonciation de l'indigène à son statut personnel, mais vous savez comme moi-même qu'ainsi offert, le droit électoral confine à une déchéance...

L'opinion de ces deux hommes d'État ratifiait celle de M. Clamageran sur les droits politiques à accorder aux Arabes. Il estimait qu'on ne devait accorder l'électorat qu'aux indigènes ayant rendu des «services exceptionnels» à la France, et qu'on pouvait avec prudence et graduellement augmenter leur participation au maniement des affaires publiques.

C'est encore M. Clamageran qui écrivait en 1883, au sujet de l'élément arabe dont il redoutait les mécontentements, qu'il fallait protéger les musulmans contre les violences et les excitations, les payer exactement quand on était leurs débiteurs, les initier peu à peu aux bienfaits de notre civilisation.

On ne peut songer à présent, ajoutait-il, à modifier leur statut personnel et à soumettre leur organisation aux règles du code civil. Une pareille réforme impliquerait l'assimilation complète et ni eux ni nous n'y sommes préparés. Pour notre honneur, il importe qu'ils ne puissent pas se dire spoliés.

Le même auteur s'élevait contre la prétention des naturalisés, qui, dans les campagnes électorales, cherchent toujours à entraîner les arabes à leur suite contre les Français de cœur ou d'origine.

Intéresser les populations musulmanes à notre politique, s'écriait M. Allan, rédacteur en chef du *Fanal oranais*, œuvre impie qui peut appeler sur les Français les dernières violences du fanatisme indigène.

C'est là ce que veulent ceux qui sont prêts à mettre l'Algérie à feu et à sang pour la satisfaction de leur insatiable ambition. C'est là au moins qu'ils nous conduisent.

Je le demande à tout Algérien de bonne foi. En est-il un seul qui ne réprouve un aussi abominable langage ? En est-il un seul qui croie bon et utile « d'intéresser l'indigène à notre politique française » c'est-à-dire de lui faire savoir à quel point nos esprits sont troublés, de l'appeler comme arbitre de nos différends, de l'armer de matraques et de l'inviter à faire cause commune en faveur d'un parti néo-français contre un autre parti français ?

Si d'aussi scandaleuses paroles n'ouvrent pas les yeux à nos concitoyens, quelles preuves faudra-t-il donc leur donner du péril où on les conduit ?

Demandez, gens de la ville, demandez au colon qui a passé sa journée à piocher sa terre et qui est obligé, la nuit, de garder sa récolte, ce qu'il pense de l'initiation des indigènes à notre politique ; demandez-lui ce qu'est devenue la sécurité depuis quelques mois ; combien d'entre eux peuvent se vanter de n'avoir été victimes d'aucun vol, quelquefois d'aucune tentative d'assassinat ? Demandez-lui ensuite à quelle cause il attribue cette recrudescence de crimes, cette insolence des indigènes sur les marchés, dans les rues des villages, cette effervescence des tribus qui peut se traduire d'un moment à l'autre par quelque épouvantable massacre : il vous répondra que les seuls auteurs de cette situation intolérable sont les Français, genre nationaliste, qui intéressent la population musulmane à la politique française.

Nous nous rangeons volontiers à l'opinion de ce publiciste dont nous n'avons pas toujours partagé les vues, mais qui, en la circonstance, a parfaitement défini le péril arabe.

Murés dans leur croyance, les musulmans croient facilement aux interventions divines. Régis leur était montré sous ce jour d'envoyé du Prophète, de sorte qu'ils avaient pour lui de la vénération. Les exploits qu'on lui prêtait le leur rendaient plus cher encore, car ils le sentaient en lutte contre le « roumi » (chrétien). Et les prédications maraboutiques semaient de plus en plus des désirs de représailles dans les esprits exaltés des arabes. Simplistes comme de grands enfants, ils croient aux paroles de leurs prêtres et se soulèvent au nom de la guerre sainte. Il y a donc, à côté des marabouts en longue redingote dont parle M. Allan, des excitateurs plus dangereux encore sous le burnous, qui prêchent la révolte quand la révolte se déchaîne parmi les populations européennes.

Nous ne pouvons, avec de nombreux auteurs qui ont traité de la question indigène, que préconiser le principe d'une surveillance étroite mais nullement tracassière et celui de l'exemple à donner d'une existence régulière, consacrée au progrès, à l'influence duquel n'échapperont pas les arabes, progrès qui aidera puissamment à leur assimilation.

Nous regrettons d'ignorer le nom du correspondant de la *Revue de Paris* qui traite des problèmes algériens, car il y montre une connaissance absolue de l'état d'esprit des indigènes; la part faite toutefois d'une certaine exagération pessimiste.

L'indigène a ses fêtes et ses distractions, dit-il, ses cafés et ses lieux de plaisir; l'européen a les siens. Ils ne se comprennent pas et les quelques mots arabes ou français qu'ils apprennent, c'est pour échanger des injures. Que serait-ce si nous cherchions à pénétrer leurs idées et à analyser leurs sentiments ! Pour le musulman, la religion est le tout de l'homme et les choses de ce monde ne sont qu'une ombre qui passe ; l'européen est d'une indifférence religieuse rare. Leur conception de la vie diffère aussi complètement qu'il est possible.

Qu'on n'objecte pas les quelques douzaines d'indigènes superficiellement assimilés. Car ceux-là mêmes sont peut-être les exemples les plus topiques. Ils sont un objet d'horreur et de dégoût pour leurs anciens coreligionnaires, qui les désignent d'un mot expressif : les *intourni*. Les sympathies assez vagues qu'ils trouvent auprès des Français ne remplacent pas pour eux ce qu'ils ont perdu, l'estime de soi-même, l'équilibre moral, et jusqu'aux raisons mêmes de vivre : ils vont à l'aventure, pauvres plantes arrachées à la terre maternelle.

Dans les campagnes, les indigènes musulmans et les Européens sont rarement réunis sur les mêmes points, et la pénétration des deux éléments est réduite au minimum. Le système qui établit les colons dans des villages par l'expropriation des indigènes n'a pas peu contribué à cet isolement. Les rapports entre les deux populations ne sont point les mêmes partout : les indigènes ne sont pas partout identiques, et les colons diffèrent aussi d'une région à une autre. Il y a heureusement des exemples de très bonne entente entre les uns et les autres. Nous pourrions citer tels de nos compatriotes qui ont su se faire estimer et aimer : le Français, lorsqu'il n'est pas gâté par le milieu, est si dépourvu de morgue, si « bon enfant », si bien doué de toutes les qualités qui peuvent séduire des populations primitives ! Mais ces exceptions sont trop peu nombreuses, et, trop souvent, les colons et leurs voisins arabes ou kabyles se regardent comme des ennemis et se traitent en conséquence.

On va disant que les souvenirs de la conquête et des insurrections, que la religion musulmane et le fanatisme, que les instincts pillards des indigènes sont cause de tout le mal. Il y a une autre cause bien plus active et plus immédiate : l'indigène se souvient que la terre sur laquelle le village a été bâti et les colons établis appartenait jadis à sa tribu, qu'il la cultivait, fort mal assurément, mais enfin qu'il en récoltait les fruits. Vienne une mauvaise récolte, et, poussés par la faim, la *malesuada fames*, ils rôdent autour des habitations des colons et volent leurs bestiaux. Ils errent aussi autour des forêts ou des soi-disant forêts qui leur servaient jadis de pâturages et d'où on les a chassés ; et, au jour propice, ils se vengent par l'incendie, cette forme dernière de l'insurrection.

M. Leroy-Beaulieu, M. Zaborowski, d'autres encore, avec plus ou moins de mesure et de justesse, reprochent aux colons leurs mauvais sentiments et leurs mauvais traitements à l'égard des indigènes. Ils seraient moins sévères s'ils avaient, comme eux, des souvenirs de bétail volé, de récoltes pillées, de coups de feu reçus en guettant la nuit pour défendre sa propriété, ses biens et sa vie même contre les chacals humains qui rôdent autour des centres.

Ce portrait, pour ne pas être flatteur, n'en est pas moins vrai à bien des points de vue. On ne saurait donc admettre dans la grande famille française, comme le demandait M. Jaurès, quatre millions de sujets aussi mal préparés. L'exemple des israélites et des étrangers n'est pas de nature à nous encourager dans la voie des assimilations mécaniques. Le péril juif, le péril étranger, nés de notre optimisme, ne seraient pas à comparer au péril arabe qu'entraînerait une réédition des funestes décret et loi de 70 et de 89. De gaieté de cœur, ce serait

« amplifier l'erreur » commise à ces deux dates et nul ne voudra s'y résoudre. Le sentiment qui dictait à M. Jaurès le désir de faire entrer les indigènes dans la patrie française est des plus louables, mais on ne peut que caresser cette utopie au passage et continuer à réparer les fautes dues à notre imprévoyance, avant de songer à en accumuler de nouvelles. Il ne faut pas plus forcer la nature des gens que la nature des choses. La contrainte est un argument déplorable en matière de colonisation. Habitués à leur existence en plein air, nomades par tempérament, les Arabes ne se plient qu'à regret sous le joug d'une domination européenne. Pressurés souvent par les chefs indigènes, ils subissent sans maugréer ces appels à leurs douros parce qu'ils ne croient pas enfreindre les préceptes du Coran. Tandis que l'intervention du « *roumi* » a le don de les exaspérer malgré qu'ils n'en manifestent rien.

Il est évidemment nécessaire qu'on surveille les musulmans, mais avec bienveillance, sans ostentation et tout autant pour les préserver d'ennuis que dans la crainte d'en avoir, occasionnés par eux. Les Français ne doivent pas oublier que les indigènes sont le nombre, par conséquent la force. Ils ne peuvent pas davantage ignorer que c'est un peuple conquis, longtemps demeuré en léthargie au milieu de la fièvre des progrès réalisés au dernier siècle, et qu'ils ont des ménagements à prendre pour lui réserver un réveil favorable à leur œuvre d'émancipation. Qu'il se livre insensiblement à la civilisation; mais il nous appartient de ne pas brusquer cette résurrection tardive en le lançant tête perdue dans les complexités de notre système gouvernemental. Que les troubles résultant d'une ridicule décision prise en 70 et complétée en 89 nous soient une leçon salutaire, si nous ne voulons nous exposer à un péril plus grand que les deux autres, le péril arabe. Avec le temps, l'influence morale de la France produira sur les différents groupes sociaux algériens ses bienfaisants effets. La supériorité de notre éducation s'affirmera d'une façon plus évidente et rétablira dans la colonie la prépondérance à laquelle nous avons d'imprescriptibles droits. Les musulmans finiront par reconnaître nos sentiments d'humanité et cesseront d'obéir par trop aveuglément à leur statut personnel qui constitue pour les Français un danger permanent.

Jules Ferry disait des arabes qu'ils n'ont pas la notion du mandat politique, de l'autorité contractuelle et limitée; mais en revanche, il leur reconnaissait à un très haut degré l'instinct, le besoin, l'idéal du pouvoir fort et du pouvoir juste.

Soyons donc fermes avec eux, sans rudesse toutefois; qu'une administration équitable apaise leur ressentiment contre le vainqueur, et la sécurité si compromise depuis 84 deviendra un fait accompli.

Si les musulmans ont l'instinct du pouvoir fort, comme le disait Jules Ferry, ils ont aussi celui de l'égalité et, par les décret et loi de 70 et de 89, la France les a traités en parias. Sensibles à ces préférences dont les juifs et les étrangers, qui les avaient dépossédés en partie, étaient l'objet, ils n'eussent pas demandé la naturalisation; par contre, ils n'auraient pas voulu qu'on l'accordât à d'autres. Ce que nous avons dit au sujet des espagnols, des italiens, des israélites, s'applique aux indigènes : acceptons de tout cœur ceux qui viennent à nous, mais ne nous exposons pas au danger de la faillite suprême de l'Algérie, qui serait la conséquence d'une incorporation de 4 millions de sujets sous l'étendard de la République.

Messieurs Jaurès et Leroy-Beaulieu, qui préconisaient cette solution, n'avaient assurément écouté que leur désir de réparer les erreurs de 70 et de 89, traitement homéopathique, car le mal eût été traité par le mal. Qu'en serait-il résulté? Un mal plus grand encore. Contentons-nous de juxtaposer notre civilisation à la civilisation arabe. Le temps fera le reste. Oui, le temps, ce grand changeur, aidé de la nature, achèvera l'œuvre ébauchée par la France. Mais ne nous laissons pas submerger par le flot musulman. Que l'esprit de ténèbres ne l'emporte pas sur l'esprit de lumière et, par la continuité des contacts, ce dernier absorbera l'autre.

Dans cette attente, prévenons les surprises de la destinée en étudiant de près les tendances des indigènes à la révolte, tendances exploitées et développées par certaines confréries religieuses.

# VIII

## LE RÔLE DES CONFRÉRIES

MM. Octave Depont et Xavier Coppolani (1), administrateurs de commune mixte, ont écrit en 1897 un merveilleux ouvrage sur les confréries religieuses musulmanes, et, dans leur préface, ils font valoir à juste titre que la véritable force de résistance des arabes contre la pénétration de nos habitudes européennes, réside dans un monde mystérieux en raison de son prestige tiré d'un pouvoir plus grand que celui des *eulama*, (savants, membres du culte ou magistrats), car aux yeux des

(1) M. Coppolani est aujourd'hui directeur politique, au ministère des colonies, de la Mauritanie occidentale.

croyants, ce pouvoir est l'émanation de la divinité elle-même.

« Ce monde est constitué par des sociétés secrètes, des ordres de derwich (illuminé haillonneux), des confréries mystiques, autrement dit par des khouans (frères) qui, répandus de l'Atlantique au Gange, sont, en même temps que les ennemis irréconciliables des culama, les véritables moteurs de la société musulmane.

» La formation de ces diverses sociétés tire sa primitive origine de la tendance du musulman à l'association; peu à peu ces sociétés se créent, grandissent et, en se multipliant, se subdivisent en de nombreux rameaux qui apparaissent sous la forme de confréries. »

Or, en Algérie, le rôle des confréries est considérable. Elles s'élèvent au détriment du clergé officiel dont l'autorité s'effrite d'année en année. L'influence des directeurs de ces ordres religieux (les chioukh) est en effet des plus grandes et la base de l'enseignement qu'ils préconisent est le soufisme, sorte de mysticisme prenant et communicatif surtout chez les indigènes dont on connaît l'imagination sensuelle, rêveuse, contemplative.

Cette influence des chioukh s'explique par la croyance très répandue qu'ils possèdent une particule divine (la baraka) et qu'ils sont avec Allah en communion constante. Mais s'ils usent de l'influence que leur donne ce caractère sacré en faveur de la « Cause » à laquelle ils se vouent, ils n'en usent pas moins pour drainer au nom de la religion des sommes importantes ou pour accaparer la jouissance d'immenses domaines, paralysant ainsi nos moyens d'action auprès du monde islamique.

Toutes ces donations pieuses faites aux zaouïa, établissements hospitaliers élevés sur la sépulture d'oualis ou saints et dirigés par un marabout, sont autant de pertes pour la France. Aussi le gouvernement prit-il en 1830 et en 1848 des arrêtés en vertu desquels il s'appropria les revenus des propriétés destinées en principe aux besoins du culte musulman, puis les propriétés elles-mêmes.

En agissant ainsi, dit en substance

M. Dupont, le gouvernement français ne songeait ni à atteindre la religion musulmane, ni à revenir sur les garanties si généreusement offertes aux vaincus par la capitulation de 1830.

On eut le tort, à ce moment, de ne pas considérer que les marabouts étant les directeurs spirituels des musulmans, leur enlever les terrains qui faisaient leur fortune, augmentaient leur influence, c'était les blesser dans leurs sentiments intimes et porter préjudice à leurs nombreux serviteurs. Aussi la révolte devint-elle nationale. De la tente du désert au gourbi du Tell surgirent les simples, les dévots qui, poussés par un fanatisme ardent, combattirent au nom d'Allah et se firent massacrer en des équipées folles.

Cette mesure d'accaparement, toujours d'après le même auteur, ne réduisit pas l'influence des confréries. Mais atteints dans ce qu'ils avaient de plus sacré : leurs intérêts, les chioukh excitèrent les colères du fellah (paysan), de la femme, du vieillard et, missionnaires divins, firent de leurs prosélytes crédules, ignorants, de dociles instruments de leur haine, des serviteurs passionnément dévoués et aussi des esclaves tributaires.

L'offrande religieuse faite en nature et à des époques déterminées, se convertit en espèces. De minime qu'elle était, étant donné le peu de valeur des produits fonciers, elle devint une lourde charge, un impôt progressif basé, non sur la fortune de l'adepte, mais sur les besoins insatiables de son chef spirituel. Devenu sectaire, le marabout propageait cette idée que les impôts payés au gouvernement des infidèles doivent être considérés comme une charge à laquelle il faut se soumettre jusqu'au jour de la *délivrance,* mais que les redevances ainsi prélevées sur le vaincu ne réservent à ce dernier aucune récompense céleste et, par suite, n'exemptent pas le bon croyant de la véritable *dîme* religieuse qui réconforte les âmes, absout les méchants, donne aux vertueux l'espoir de mériter les joies du paradis.

Ces taxes ne s'élèvent pas en Algérie à moins de sept millions par an et sont réparties entre plus de *six mille agents :*

chioukh, khalifa, moqaddem, chaouch. Ces chiffres sont inquiétants, d'autant plus que le rendement des impôts subit des diminutions croissantes. Ainsi, sous le couvert de la religion, les chefs des confréries se livrent à une exploitation éhontée de leurs adeptes et sèment autant la misère que les usuriers juifs, sous la tente ou dans le gourbi. Mais le fanatisme des arabes l'emporte sur les tourments matériels, dès l'instant où ils s'assurent, par leur libéralité, une place auprès du Très-Haut Allah.

Ces croyances enracinées au cœur des indigènes y sont entretenues soigneusement par les missionnaires quêteurs dont l'Algérie est sillonnée. Malgré une surveillance étroite de l'administration française, ces émissaires échappent le plus souvent à ses investigations et se livrent avec ardeur à leur propagande si funeste à notre influence, à nos intérêts. Cette force occulte est le danger permanent contre lequel nous avons eu si souvent à lutter. MM. Coppolani et Depont le définissent excellemment :

Là où l'arabe ne voyait, il y a quelques

années, dans ses maîtres spirituels que des hommes préoccupés de l'éducation des âmes et de la sauvegarde des intérêts de sa religion, il voit aujourd'hui des chefs futurs qui, le moment venu, le conduiront au combat .. qui, par la prière et l'épée, le guideront vers la réalisation du rêve chimérique qu'il caresse avec ferveur : chasser l'infidèle des terres de l'Islam et reconquérir à jamais le bien-être qu'il croit avoir perdu. En attendant, ses ressources diminuent et cette attente sans fin développe ses instincts apathiques. Dominé par l'idée messianique, il songe au Sauveur divin qui de loin veille à sa destinée et qui, à l'époque fixée, viendra jeter l'oppresseur à la mer...

Les mystérieux prédicateurs musulmans entretiennent jalousement ces croyances et battent monnaie à l'aide de cette espérance éternellement renouvelée. Ces menées sourdes, en développant l'esprit de haine et de révolte chez les fellah à l'esprit simpliste, entravent la pénétration du progrès, nuisent à notre œuvre civilisatrice et humanitaire. Les missionnaires collecteurs drainent donc à leur profit et à celui de leur zaouïa, des millions qui aideraient au bien-être des indigènes, tout en augmentant le rendement de nos impôts. Il y a là un ordre de choses à remanier si nous ne voulons voir grandir un péril économique évident, mais à réformer plus par persuasion que par violence, car il faut d'abord vaincre chez l'indigène le sentiment avant d'atteindre ses propres coutumes. Quand il aura compris l'inanité de ses résistances à notre civilisation, il s'assimilera mieux nos mœurs, notre compréhension plus large des choses de la vie.

Ces associations religieuses, ces confréries jouent aussi un rôle politique dans l'histoire de l'Algérie. Les mouvements insurrectionnels que nous avons eus à apaiser en 1864, 71 et 81, étaient le produit, non seulement des mécontentements que des erreurs comme celle du décret Crémieux soulevaient, mais encore de proclamations « d'essence divine » dont le fond ne varie jamais : guerre aux « roumis », guerre à l'infidèle, guerre aux profanes qui n'appliquent en rien les préceptes coraniques. Cet état de rébellion morale contre notre organisation sociale, date depuis la conquête et rien ne fait pressentir qu'il doive céder la place à une observance moins rancunière, moins haineuse de nos lois et de nos coutumes.

Une autre conséquence de l'esprit sectaire des confréries, c'est l'émigration. Après avoir prêché en vain la guerre sainte, il en est, de ces associations, qui préconisent la fuite d'une terre où les Infidèles sont installés par droit de conquête, et le rapprochement du foyer islamique, le seul, l'unique, le vrai pays *d'élection*.

Dès sa nomination comme gouverneur général de l'Algérie, M. Jules Cambon se dégagea des errements de ses prédécesseurs et s'appliqua à établir des relations cordiales entre les confréries dissidentes des Cheïkhia (Oulad Sidi Cheikh) et des Taïbia. Grâce à ses précieuses qualités diplomatiques, il réussit à soumettre à notre domination Si Lala ben Bou-Bekeur, frère du marabout Si Hamza. A sa mort, Si Lala dans son testament politique « jetait dans nos bras » les Oulad-Sidi-Cheikh qui, de 1864 à 84, étaient restés en rébellion contre la France.

C'est par des procédés analogues de conciliation que M. Cambon combattit victorieusement l'influence marocaine dans l'Extrême-Sud et au Touat. Il s'assura en effet le dévouement de Mouley-A'bdessalam et de son fils le grand-maître de l'ordre des Taïbïa, Mouley-Larbi, ce qui, en nous instituant protecteurs de la maison d'O-vazza, nous autorise à espérer qu'au moment opportun, nous pourrons demander la clef des oasis aux Cheikhïa et aux Taïbïa.

Une troisième confrérie religieuse s'était depuis longtemps soumise à notre domination, la confrérie tidjanienne qui compte trois principaux établissements dans l'Afrique du Nord : Aïn Madhi et Temacine en Algérie, Fez au Maroc.

A propos de cet ordre, M. Depont se livre dans la *Revue des questions diplomatiques* à une étude remarquable dont nous extrayons volontiers ce passage :

Les établissements tidjaniens d'Algérie nous servent avec le plus grand dévouement depuis le siège mémorable d'*Aïn Madhi*, capitale tidjanienne, par Abd-el-Kader, en 1838. Et nous avons aujourd'hui d'autant plus d'action sur eux.

qu'ils vivent dans un état à peu près complet d'indépendance l'un de l'autre.

Toutefois, cette sorte d'alliance d'une puissance théocratique avec un gouvernement temporel et chrétien, n'a pas été sans diminuer sensiblement le prestige des maisons algériennes au grand bénéfice de la zaouia de Fez qui, outre qu'elle renferme les restes du fondateur de la confrérie, voit encore son influence s'accroître du fait d'avoir de tout temps, et principalement en 1881, donné asile à des insurgés ou à des dissidents.

Malgré tout, cette influence ne s'étend guère en fait, au delà des limites du Maroc proprement dit ; mais il faut rappeler que la zaouia de Fez a eu, comme ressortissants, les El Hadj Omar, les Ahmadou et autres personnages soudanais qui, après avoir longtemps lutté contre nos armes, ont semé au Soudan des germes de révolte dont ladite zaouia, par sa situation en pays non encore occupé par les Européens, a bénéficié.

Cependant, un éloignement considérable de ses anciens ressortissants, joint à des difficultés nombreuses dans l'emploi des moyens de communication, fait que les relations entre la maison de Fez et les Tidjania du Soudan et du Sénégal sont plutôt rares, et que ces Tidjania paraissent vivre actuellement dans un état à peu près complet d'indépendance.

A notre endroit, l'état d'hostilité de la zaouïa de Fez n'est pas absolu. Elle entretient, en effet, des correspondances avec Aïn Mahdi, qu'elle sait bien être inféodé à notre cause, et, de ce côté, il ne serait peut-être pas impossible d'arriver, en pesant sur l'esprit des tidjaniens marocains, à nous rendre cet esprit favorable. Notre influence au Maroc, déjà servie par la confrérie des *Taïbia*, ne pourrait qu'y gagner, non seulement dans le présent, mais aussi et surtout dans l'avenir.

Il faut, en effet, considérer que, plus que toute autre confrérie, celle des Tidjania s'est prêtée et se prête à nous servir. Alors que, dans la majorité des autres associations, l'esprit théocratique maintient, par essence, les affiliés éloignés de tout ce qui n'est pas préoccupation indispensable à l'existence matérielle, les tidjaniens, eux, subissent, toujours dans son intégrité, l'impulsion temporelle donnée à l'association par son fondateur, le grand Tidjani.

De tout temps, ils ont basé leur prosélytisme sur l'établissement de relations commerciales, et, s'ils ne sont pas les maîtres des routes sahariennes, c'est que, depuis l'abolition de la traite des nègres, ces routes ont dévié pour aboutir, comme on le sait, d'un côté à la Tripolitaine et de l'autre au Maroc. Il ne s'ensuit pas d'ailleurs qu'ils n'exercent plus d'action dans le Sahara et plus loin, notamment au Ouadaï et au Baghirmi où la confrérie compte des affiliés et ou le nom de Tidjani est en grande vénération.

Si l'on veut bien considérer, en outre, que, par essence fataliste, la doctrine de la confrérie repose sur ce principe que la « terre appartient à Dieu qui en dispose en faveur de qui il l'entend », on comprendra que cette doctrine peut aider à notre établissement dans le pays où il serait possible de la répandre.

Si Ahmed Tidjani, à la mémoire de qui le gouvernement a rendu des honneurs extraordinaires dans une mosquée d'Alger, n'avait-il pas demandé, quelque temps avant sa mort, la création d'un hôpital dirigé par les Pères blancs, dans sa propre zaouïa d'Aïn Mahdi ?

L'exposé des services que nous a rendus la confrérie tidjanienne en Algérie n'est plus à faire. Elle nous a servi pour les besoins de la conquête et de notre affermissement en ce pays. C'est grâce à elle, notamment, que Duveyrier a pu accomplir son beau voyage dans le Sahara. C'est un de ses moqaddems qui amena jadis la colonne que commandait le général Marey-Monge dans la ville de Laghouat. C'est encore un moqaddem tidjarien qui accompagnait le colonel Flatters et qui fut traîtreusement massacré en invoquant le nom de son grand patron, le fondateur de l'ordre.

Et plus récemment, n'est-ce pas à la zaouïa de Temacine que le gouvernement de l'Algérie doit d'avoir pu renouer des relations avec les Touaregs ?

De même que par les Quadria, les Taïbia, les Cheïkhia nous avons un pied au Touat, dont la prise de possession s'impose avec évidence (1) si nous voulons une fois pour toutes en finir avec les Touaregs, de même avec les Tidjania, nous pourrions. dès maintenant croyons-nous, nous créer des intelligences favorables dans les régions occidentales et orientales du Tchad aussi bien qu'au Sénégal. dans la boucle du Niger. voire au Congo.

D'après ce qui précède, nous pouvons compter sur l'appui moral de trois confréries puissantes dans notre tâche d'émancipation et de pénétration africaines. Mais il en est d'autres qui continuent à nous faire de l'obstruction systématique et, pour comprendre la nature de cette opposition, il faudrait remonter au sultan de Stamboul, au partisan passionné, Abd-el-Hamid II, du panislamisme moderne, autrement dit de la concentration des forces de l'Islam pour la défense de la Foi contre la chrétienté.

(1) Ce désir a été depuis réalisé par la mission Flamant.

Malgré que l'Algérie soit considérée par les arabes comme terre mahométane, nous devons pour l'honneur de notre credo politique et en vertu de nos sentiments de générosité, essayer d'enlever à l'influence d'imposteurs cyniques et de thaumaturges éhontés, des populations naïves et fatalistes.

Le Parlement français voudra bien s'attarder à cette question d'un intérêt puissant, dégager de son ensemble et de sa complexité des résolutions qui aideront à asseoir dans l'Afrique du nord notre définitive prépondérance. Il y a plus qu'une raison de légalité, il y a un devoir de patriotisme à remplir. La métropole ne saurait s'y soustraire.

# QUATRIÈME PARTIE

## LE PROCÈS D'UN AGITATEUR

## IX

Ainsi, il est établi que des mesures imprudemment prises par certains hommes d'État, ont un moment compromis l'avenir de notre belle Algérie. Le prestige des Français allait ces derniers temps diminuant de jour en jour, sous l'envahissement de l'influence étrangère, et les Arabes, incités à la révolte par de mensongères déclamations, s'apprêtaient à s'ériger en justiciers impitoyables. Les changements successifs de gouverneurs, les malhabiletés de l'administration, les décisions arbitraires de fonctionnaires ignorants ou haineux, n'étaient pas pour assurer la prospérité de la colonie. C'est à la faveur de cette anarchie que la dissolvante politique a fait son apparition, non pas une politique de principes, mais de personnalités autour desquelles se groupent des partisans. Le point de départ des luttes acharnées qui s'engagent entre cofs paraît être une divergence d'idées, alors qu'il n'est le plus souvent qu'une différence de noms. Ces luttes sont renouvelées de celles décrites par MM. Hanoteau et Letourneux dans leur bel ouvrage de la Kabylie. C'est là une assimilation rétrograde et funeste qui nous discrédite aux yeux mêmes de nos protégés, et sème en eux des ferments de résistance contre une autorité qu'ils jugent incapable de se faire respecter.

Nous avons montré, à ce sujet, l'évolution de l'esprit algérien depuis 84. Et de cette étude impartiale où la sévérité de certaines critiques n'était nullement dictée par un sentiment de rancune, il résulte que la perpétuation de l'état social actuel de la colonie la conduirait infailliblement à sa porte. L'homme à qui incombe le plus la responsabilité d'une telle démoralisation, l'italien qui, drapé dans nos trois couleurs, criait : « la France aux Français! » avec, en lui, cette restriction mentale : « sus à Marianne! », le fauteur de troubles qui avait su se tailler une prépondérante réclame dans la badauderie de ses contemporains, devait lamentablement couronner son étrange carrière. On doit d'autant plus se réjouir de sa grotesque finale qu'elle permet de juger enfin comme il le mérite le leader (!) du parti antijuif.

L'existence mouvementée qu'il mena, faite de princières débauches, avec le produit de continuelles mendicités, les subsides de quelques Algériennes envoûtées par l'être qu'elles justifiaient, les dons du clergé qui applaudissait à ses attaques contre la République, dans la pénombre des sacristies, allait se dénouer comme nous l'avions prévu, dans la panique et l'aveulissement.

Après avoir bouleversé l'Algérie, après avoir inspiré aux bandes cosmopolites de la haine contre les institutions du pays, après avoir accompli cette œuvre de perversion, de soulèvement, de discorde, dont le récit constitue une des pages les plus curieuses de l'histoire de la colonie, après avoir traîné à son char de dictateur embryonnaire des Rochefort et des Drumont, qui doivent se souvenir maintenant de nos avertissements désintéressés, après avoir trompé ses partisans les plus dévoués, qui comprennent le ridicule de leur fidélité et de leur admiration; après avoir consciemment poussé l'Algérie à deux doigts de l'abîme, Régis Maximilien Milano, le liberticide, Régis le despote, Régis l'attentateur aux institutions républicaines, Régis le parjure, Régis le spécialiste de courage à forfait devant galerie, allait sceller du sceau de la lâcheté son passé d'ingratitude, de mensonge.

Nous ne rappellerons pas ce que fut le siège du... siège de la ligue antisémitique de France, rue de Chabrol, la presse parisienne ayant longuement entretenu le public de cette originale et volontaire séquestration. Mais son auteur, M. Jules Guérin, autrement « chevaleresque » que le benjamin des cléricaux et des réactionnaires, ne consentit à se rendre, quand il dut capituler devant l'autorité, que si ses *compagnons d'armes étaient laissés en liberté*.

Régis, retour de Paris, où il avait prudemment évité le voisinage du Grand Occident, le jour où Guérin s'y barricadait, devint subitement jaloux de la popularité que valait une ferme résistance au gouvernement. Dans la capitale, il n'eût été que le second, à Alger, il serait le premier s'il tentait l'aventure. Il résolut donc de s'interner dans sa villa du boulevard Bon-Accueil. Le 18 septembre, il fit répandre le bruit de son arrestation inévitable, d'intentions *criminelles* du gouverneur et de la magistrature, de violences certaines exercées contre lui, bruit hypothétique s'il en fut. Néanmoins, cette nouvelle annoncée à grands renforts de réclames, de prospectus, de « filets » dans les feuilles à la dévotion du maître (!), s'accrédita dans un certain public, celui des meetings et des manifestations de la rue. Alors, Régis frappa le coup suprême et s'enferma avec une douzaine de partisans dans le... *fort* (!) Bon-Accueil.

Hélas ! il en fut pour ses frais de mise en scène. Cette réédition du fort Chabrol, ce grotesque plagiat fit sourire les gens sensés, d'autant qu'il poussa la pasquinade jusqu'aux dernières limites du ridicule. Tartarin n'eut pas mieux harnaché ses compagnons de lutte contre d'imaginaires fauves, si ce tarasconais n'avait eu l'incommensurable orgueil d'être seul à exploiter la gloire. Les assiégés algérois, en effet, étaient coiffés de bérets rouges, et portaient une ceinture écarlate soutenant coutelas, stylets, poignards et revolvers. Les sourcils froncés, l'air soucieux et terrible, ces héros de dix-neuf ans lançaient par intervalles de sombres : « Passez au large ! » à de problématiques ennemis ou à d'inoffensifs curieux stupéfiés par ce don quichottisme. Des « malins » reprirent le qualificatif cher à quelques algéroises, et le blond jeune homme, avec ses douze valeureux défenseurs, fut comparé au Jésus biblique et à ses douze apôtres. D'autre part, on commentait sérieusement l'absence du fort du trio fidèle Saurin, Chaze et Lionne, à défaut d'une infinité d'autres sous-lieutenants, sergents et caporaux qui manquaient à l'appel. D'illustres inconnus, d'obscurs soldats, recrutés d'ailleurs très difficilement, étaient les seuls compagnons du « chevaleresque » Régis. L'abandon était évident. La police elle-même et l'armée semblaient se désintéresser de la phalange héroïque. En effet, au tour de la villa, pas l'ombre d'un coupe-choux ni d'un pantalon garance. Mais le sempiternel : « Passez au large! » n'en retentissait pas moins dans le silence du boulevard. L'inquiétude toutefois commençait à poindre dans l'âme de cette magnanime jeunesse. Si elle n'était pas prise au sérieux? Si ce renoncement aux joies de son âge, si ce sacrifice de la vie, cette abnégation de l'être solennellement jurée sur la croix d'un poignard, en prononçant ces mots sublimes : Vaincre ou mourir! étaient considérés comme une gaminerie d'étudiants en goguette...?

Cette incertitude ne pouvait durer. Il fallait à tout prix connaître les intentions du *peuple*. Le *peuple* devait *marcher* avec Régis et ses compagnons. N'était-ce pas pour la « cause » du *peuple* qu'ils *luttaient* contre l'autorité gouvernementale? N'était-ce pas pour le délivrer des tyrans, qu'ils souffraient dans la forteresse antijuive de l'Agha? Le *peuple* se montrerait-il ingrat envers ses *libérateurs*? Le *peuple* ne répondrait-il à leur demande de munitions que par des envois de thon, de sardines, de conserves et de tripes à la mode de Caen? Enfin le *peuple* ne comprendrait-il pas la nécessité de son intervention pour empêcher une débàcle de se produire? Ce *peuple* en qui Max mettait tout son espoir, deviendrait-il oublieux au point de laisser périr derrière les palissades du fort Bon-Accueil, ceux qui, après s'être *ruinés* pour lui, le *peuple*, lui consacraient leur *talent*, leur *courage* et leur *loyauté*? Les « bérets rouges », en un concilabule hâtif, résolurent de s'en assurer et décidèrent... de se distinguer.

Le 21 septembre, les officiers de toutes armes offraient un punch d'adieu au général Larchey, commandant le xix⁰ corps, atteint par la limite d'àge. L'occasion s'offrait de manifester en faveur de l'armée. Dreyfus, condamné à dix ans par le conseil de guerre de Rennes, venait d'être grâcié par le Pré-

sident de la République, de sorte que le cri
de : A bas les juifs! alternerait avec celui
de : Vive l'armée! Le plan fut ainsi combiné
et, le soir même, Régis et ses « hommes »
acclameraient nos vaillants soldats d'Afrique
au Cercle militaire. Mais il fallait qu'il motivât cette levée de siège aux yeux de son
*peuple*. Il usa du procédé habituel, en inon-
dant la ville de prospectus, où il rendait
mensongèrement compte d'une audience
que le maire et deux conseillers généraux
avaient obtenu de monsieur Laferrière, au
sujet de l'arrestation dont il s'était dit me-
nacé. Ces prospectus étaient ainsi conçus :

### A NOS AMIS

Le gouverneur ayant promis que Max Régis
ne serait nullement inquiété; qu'il ne s'opposait
pas, en outre, à ce qu'il y eût des meetings antijuifs; la délégation ayant encore fait espérer
qu'Antoni serait bientôt gracié, Max Régis et
ses compagnons sortent ce soir de la villa antijuive pour se rendre à huit heures 1/2, square
Bresson, afin d'y manifester en faveur de
l'armée.

Nous invitons tous nos amis à être là. Nos

soldats ont besoin de nos acclamations pour compenser l'affront que vient de leur infliger la juiverie en faisant gracier un traître.

L'Astuce.

Commenter cette note serait en amoindrir l'effet.

Le soir, à l'heure convenue, au moment où, massée place Bresson, la foule applaudissait frénétiquement la « Marseillaise » jouée par la musique des zouaves, Max, suivi de sa horde habituelle, vint troubler cette manifestation patriotique en faisant hurler la Marseillaise... antijuive.

Ce chant, qui avait perdu de sa signification première, devait être un signal, car des bandes se formèrent, envahirent le quartier de la Lyre, mirent à sac le bar des Réclames, cependant qu'une bombe éclatait rue Henri-Martin et que des détonations retentissaient sur différents points de la ville. La troupe et la police intervinrent, repoussant la cohorte de Régis en face le café Glacier, la refoulant dans la rue d'Isly d'où Max, pris d'une panique soudaine, s'enfuit précipitamment vers le boulevard

Bon-Accueil. Alors des murmures s'élevèrent chez les *siens* et le mot LACHE commença à circuler sur bien des lèvres. Avec cette mobilité particulière des foules, de nombreux partisans de Max, en présence de sa félonie, le conspuèrent et des cris de : A bas Milano ! poursuivirent le fuyard jusqu'aux portes d'Isly.

Trois cents manifestants qui lui étaient demeurés fidèles l'accompagnèrent au pas de course jusqu'à sa villa où il pénétra en coup de vent. Le commissaire de police de Mustapha-Supérieur, M. Finances, voulut avec quinze de ses hommes pénétrer dans le *fort*, mais un feu de *salve* les accueillit et un agent tomba frappé d'une balle à la tête. Tandis qu'un groupe de manifestants tenait la police en haleine, d'autres groupes cherchaient à dévaliser les magasins d'armuriers et mettaient la ville en émoi, gesticulant, criant, assommant les « suspects », c'est-à-dire les *Français*.

Le lendemain, cantonnés dans leur « enceinte fortifiée » Régis et ses compagnons élucubrèrent la « consigne » suivante dont ils tapissèrent les piliers et les portes :

La consigne est formelle, nul n'entre à la Villa sans l'autorisation expresse de Max Régis.

Il est interdit aux *compagnons* de faire pénétrer aucun ami, aucun parent, sans en avoir au préalable informé Max Régis.

Les *compagnons* doivent être armés et prêts à toute éventualité.

Les gardes des portes et de la cour intérieure doivent organiser entre eux un service d'ordre, de façon à ce que l'un d'entre eux, au moins (!) soit toujours en veille.

En cas d'alerte, la sentinelle qui aura la première aperçu le danger, crie : « Aux armes ! » et se replie immédiatement sur la terrasse. Ceux de la cour intérieure gardent leur poste.

Tout agent de l'autorité, de la police ou du Gouvernement qui forcera l'entrée de la Villa ou même du jardin sera passé par les armes.

Les *compagnons* doivent se considérer, d'ores et déjà, comme ayant fait le sacrifice de leur vie. Celui qui enfreindra la consigne avant la prise d'armes sera expulsé sur le champ.

Celui qui trahira, qui passera à l'ennemi ou qui montrera devant le danger une faiblesse coupable, sera mis à mort par les *compagnons*, s'il est possible ; en tous cas, il sera signalé aux amis de l'extérieur qui se chargeront de l'exécuter.

Fait à Mustapha, le 19 septembre 1899.

*Vu et approuvé,*

Max Régis.

« Accepté sur la foi du serment par tous les compagnons en armes. »

La tartarinade était poussée jusqu'à ses dernières limites. Mais voulant tuer le temps, à défaut de police ou de maréchaussée, ils firent lancer en ville des factums de ce goût :

A nos amis,

Puisqu'un Gouvernement, en graciant Dreyfus, provoque et notre armée et la population patriote, nous faisons appel à tous nos concitoyens pour nous aider dans notre rebellion contre ceux qui ne se servent du pouvoir que pour violer nos sentiments les plus chers.

Si les juifs triomphent aujourd'hui, nous ne devons pas permettre une pareille victoire.

A tous nos amis, nous adressons une dernière prière, nous leur demandons de *marcher* avec nous contre ceux qui, par l'ordre d'Israël, préparent encore de nouvelles injustices.

Le juif ne doit pas être le maître, en France ou en Algérie.

Quant à nous, nous allons faire notre devoir.

MAX RÉGIS ET SES COMPAGNONS.


Quelques instants après, paraissait cet appel à *toutes les résistances* :

### AUX ANTIJUIFS

L'étendard de la révolte est levé, que plus rien n'arrête notre élan.

Ce soir, le Gouvernement infâme veut nous anéantir.

Alors que, *lâchement, nous étions fusillés de tous côtés ;* alors que le préfet nous *obligeait* à subir le feu des juifs, retranchés derrière leurs volets, dans la rue de la Lyre, on ose prétendre que nous avons été les assaillants.

Entre 9 heures et 11 heures, toutes les forces policières mobilisées vont venir *mitrailler la Villa*.

Citoyens ! nous *jurons* de combattre jusqu'à la mort.

Que tous ceux qui ont souffert du juif et de notre horrible Gouvernement ; que tous ceux qui ont été des victimes deviennent des vengeurs et, ce soir, le peuple, légitimement justicier, en aura fini avec la tyrannie juive.

Citoyens, aux armes !

On nous livre le combat. Acceptons-le sans pitié.

*L'Antijuif.*


D'autre part, la presse publiait cette note émanant du Gouvernement général :

En présence des incidents qui se sont produits hier soir, le Gouverneur a résolu de prendre des décisions énergiques pour en empêcher le retour.

Il vient de signer, en vertu de l'article 4, § 2 du décret du 23 août 1898, un arrêté semblable à celui qu'il avait rendu le 6 février et contenant une disposition qui interdit les attroupements : ceux-ci seraient dissipés par la force après les sommations légales.

Des mesures sont prises pour que tous les individus arrêtés soient l'objet de poursuites judiciaires immédiates.

Les mandats qui pourraient être décernés contre les auteurs de crimes ou délits seraient exécutés, s'il y avait lieu, avec le concours de la force armée.

Des patrouilles et des postes fonctionneront, dès aujourd'hui, partout où il sera nécessaire.

Par ordre :

*Le Chef de Cabinet.*

DE PEYRIMOFF.

Le conflit, cette fois, était bien délimité. Mais le juge d'instruction y mit fin en décernant, le 21 septembre, un mandat d'arrêt contre le nommé Maxime Régis qui, le 20 septembre 1899, « s'est renducomplice d'une tentative d'homicide sur la personne d'agents de la force publique, en donnant des instructions pour commettre ce crime et en aidant ou assistant avec connaissance les auteurs de ce crime dans les faits qui l'ont préparé ou facilité, ou dans ceux qui l'ont consommé. Crime prévu par les articles 295 et suivants du code pénal et les articles 58 et 60 du code Pénal. »

Ce mandat d'arrêt était aussitôt suivi de quatre autres décernés sous les inculpations :

1° D'outrages à des magistrats ;

2° De menaces de mort ;

3° De complicité de vol qualifié ;

4° D'excitation au pillage.

La peur blême qui poursuivait depuis longtemps Régis, s'empara de son esprit et, affolé par les événements qu'il avait déchaînés et affalé sous le poids de leurs conséquences, il commit un acte d'inqualifiable félonie. Il prit la fuite.

Il est impossible d'exprimer le sentiment d'indignation qui souleva le cœur des Algériens. L'accusation de l'opinion publique ne saurait porter sur le fait d'avoir échappé à la juridiction dont il relevait, mais c'est dans la préméditation de cette faillite suprême qu'est l'infamie de sa conduite.

Un journal d'Alger, à la date du 7 octobre, dans des « souvenirs rétrospectifs », a fait de la fuite de Max un récit que nous reproduisons d'autant plus volontiers qu'il est en tous points d'une exactitude absolue :

Prévenu que le soir ou dans la nuit aurait fort probablement lieu l'attaque (!) de la villa, Régis prit ses dispositions de défense et en même temps de fuite. Un général doit penser à tout.

Tout étant en ordre à la villa Bon-Accueil, des sentinelles étant en assez grand nombre autour de la grille, pour faire croire au bon populo que les « bérets rouges » étaient décidés à mourir, Max Régis et quelques-uns de ses compagnons — quittèrent la villa dans l'après-midi et descendirent en ville. Ils ne s'enfuirent point par les toits, mais sortirent très tranquillement par la petite porte. Remontés vers le Télemny, ils descendirent par le village d'Isly au fort Bab-Azoun et, de là, sur les quais. Tous étaient armés et marchaient séparés les uns des autres.

Pendant que ses compagnons, par la rampe Chasseloup-Laubat, remontaient sur le boulevard, Max suivait les quais dans la direction

du Sport Nautique. En face de l'imprimerie
Jourdan, il s'accouda, pensif, sur des fu-
tailles, tandis que ses compagnons arrivaient
à peu près à sa hauteur, en face le palais
Consulaire. Régis conciliabula un instant avec
un ami, duquel il se fit reconnaître, car il
était déguisé et après quelques paroles échan-
gées, qui parurent le rassurer, il revint seul,
par le même chemin, à la villa Bon-Accueil.

### AUTRE TENTATIVE

Le même jour, c'est-à-dire le jeudi, à la
tombée de la nuit, une calèche descendait sur
les quais et s'arrêtait à la Santé. Cinq personnes
en descendirent dont une — le fils d'un très honorable fonctionnaire — connaît plus particulièrement les bateaux du Sport Nautique. Ce
jeune homme avait pour mission, avec ses camarades, de rechercher parmi les bateaux de
la dite société celui qui remplissait le mieux
les conditions nécessaires pour embarquer
plusieurs personnes et entreprendre avec elles
un petit voyage.

Le groupe jeta d'abord son dévolu sur un
palangrier, le *Saint-Jean*, mais y renonça ensuite, le trouvant trop petit. On caressa alors
l'espoir de s'emparer de la *Finette*. Indiscrète-
ment avisé de ces projets, M. Néri, proprié-

taire dudit bateau de plaisance, constitua un gardien pour empêcher la prise de son bateau et fit enlever la voiture du bord.

Ces précautions ayant été connues, Régis fut avisé de ne pas avoir à descendre sur les quais en quittant la villa.

### LA VEILLÉE DES ARMES

Le soir, l'imprimerie de l'*Antijuif* faisait, à huit heures, distribuer les prospectus que l'on sait, annonçant la prise d'armes, la décision de vaincre ou mourir; le dernier spécifiant qu'entre 9 heures et 11 heures, aurait lieu l'attaque de la villa et invitant le peuple à s'armer pour défendre l'héroïque Régis.

A huit heures et quelques minutes, Régis paraissait en bras de chemise, sur le belvédère de la villa, et haranguait les quelques centaines de curieux qui regardaient sa soi-disant forteresse.

Citoyens, clamait-il de sa voix de flûte qu'il essayait vainement de faire tonner, dans quelques heures, un Gouvernement infâme va nous attaquer, mais nous sommes bien décidés à faire notre devoir jusqu'au bout. Vaincre ou mourir est ma devise. Faites votre devoir, je ferai le mien. A bas les juifs !

Ce dernier cri était à peine poussé, appuyé par une agitation véhémente des bras vers le ciel, que Régis rentrait en trombe dans sa chambre, endossait un paletot, coiffait un chapeau et, sans plus longtemps attendre, filait par la petite porte qui donne sur la rue du Quatorze Juin où, grâce à l'obscurité, il pouvait, sans être vu, remonter vers le Télemly avec quelques compagnons.

Coïncidence favorable : les agents de police et les gendarmes qui la veille avaient été postés là, venaient depuis peu de temps d'être relevés et on n'avait pas, pour des raisons que nous ne voulons pas connaître, jugé à propos de les remplacer.

Régis fuyait donc de sa villa, à l'heure exacte qu'il avait fixée au *peuple* pour venir le joindre en armes et résister jusqu'à la mort aux injonctions de l'autorité.

N'est-ce pas ignoblement lâche ! Faire faux bond aux gendarmes et renoncer à risquer de recevoir quelques balles dans la peau est évidemment prudent et digne d'un monsieur qui trouve la vie belle, à condition d'être subventionné par les gogos pour faire bonne chère en compagnie de jolies femmes, mais convier les autres à venir se faire tuer et prendre la précaution de défiler au moment du grabuge, c'est du plus pur Régis.

Telle est la triste odyssée du « chevaleresque » ami de Drumont. Une goëlette espagnole conduisit le fugitif aux Baléares d'où il gagna Barcelone par le courrier de Palma, qui fait le trajet en dix heures. Aujourd'hui, il a établi sa résidence à Alicante.

La presse à lui dévouée, chercha à *expliquer* cet acte qu'elle ne s'expliquait d'ailleurs pas elle-même. Mais il n'y avait qu'un argument à opposer à cette odieuse défense. Le capitaine d'un navire en perdition, par suite d'une avarie qui n'entache en rien sa valeur de marin, doit rester le dernier sur le pont en cas de naufrage. Combien cette obligation est plus sacrée quand le navire coule par suite d'une faute dont ce capitaine est l'auteur.

Or, le fuyard Max peut être assimilé à cet imprudent officier et il a été le premier à abandonner son équipage aux colères de la justice, cette autre mer d'où l'on ne surnage le plus souvent que flétri, vaincu. Car dans la relation de notre confrère au sujet de la fuite de Régis, il est un passage insuffisamment explicite. Quand, après la harangue du belvédère, il rentra précipitamment dans sa chambre, il n'avait nullement prévenu ses *compagnons d'armes* qu'il les abandonnait à leur sort. C'était par conséquent les livrer irrémédiablement à cette justice dont il redoutait tant les verdicts. De sorte que, crédules en la bonne foi, l'amitié et le désintéressement de leur Max, sept « berrets rouges » continuèrent à faire le guet, fidèles à leur serment, eux, que l'Autre foulait aux pieds, cyniquement, un sourire gouailleur aux lèvres.

Et des journaux d'Alger tentèrent d'apitoyer le « peuple » sur les « malheurs » de Régis ! De quel apitoiement lui-même était-il pris quand ses plus dévoués partisans, Antoni entre autres, qui vient à peine d'être libéré, se sacrifiaient à son insatiable ambition ? Quelques lignes de regret dans une feuille à la solde de dames cosmopolites, c'était tout. Et il faudrait formuler des plaintes à son adresse ! Et il fallait lui envoyer des subsides alors qu'il menait grand train durant que de pauvres diables, plus naïfs que méchants, certes, croupissaient, oubliés dans l'ombre des prisons (!) Qui osera protester contre ces allégations?

La conduite de cet homme n'est-elle pas d'un misérable?

Régis avait écrit et juré, fait écrire et jurer à la poignée de factieux « assiégés » au boulevard Bon-Accueil qu'il fallait vaincre ou mourir. Le matin, au « rapport », cette solennelle promesse de solidarité, d'héroïsme était reprise en chœur, d'une voix plus grosse de peur que de conviction et, farouchement, on attendait *l'ennemi...* En leur simplicité grande, tous, hors lui, eussent peut-être sacrifié leur existence dans la lutte que l'autorité ne songeait même pas d'ailleurs à engager. Mais leur liberté, sinon leur vie, était au contraire fort compromise à la suite des feux de peloton de la veille sur la police. Max qui ne l'ignorait pas n'eut pas même le scrupule de crier au sauve-qui-peut. Il abandonna sans remords à leur destinée les quelques fidèles compagnons qui lui restaient.

Son âme à Satan, soit! Mais sa peau à la liberté. Ce parfait égoïsme lui réussit au-delà de ce qu'il s'imaginait puisqu'il... *échappa* sans difficulté à la surveillance du

Gouvernement. Il n'en fut pas ainsi de ses gardes du corps. Le vendredi, 22 septembre, tandis que, selon la loi, gendarmes, agents, sapeurs du génie, trois compagnies de zouaves avec tambours et clairons, turcos, chasseurs d'Afrique entouraient dès six heures du matin la « villa antijuive », MM. Delavigne, substitut du procureur de la République ; Antoni, secrétaire ; André et Finances, commissaires de police de Mustapha, pénétraient dans le « fort Bon-Accueil ». Un homme ivre-mort dont les poches étaient bourrées de cartouches et sept autres « berrets rouges », ahuris par cet intempestif réveil, tel fut le bilan... peut-être bien prévu d'ailleurs, de cette descente judiciaire.

L'arabe Saïd, le cuisinier de Régis, fit comprendre d'un geste que son maître avait disparu. Les *héros* demeurèrent pétrifiés. Ils avaient eu la veille comme un pressentiment de ce... lâchage. Ils ne pensaient pas cependant qu'il mettrait ce projet à exécution sans les comprendre dans son recul. Alors seulement, ils se rendirent compte de l'infamie de leur chef qui, sous les cieux catalans, allait oublier cette poignée de naïfs livrés à la sévérité justicière de la loi. Ne leur avait-il pas répété sentencieusement, la veille, qu'il « fallait vaincre ou mourir » ? N'avaient-ils pas fait le serment qu'ils *marcheraient avec lui* où les mènerait sa fantaisie ? Ne devaient-ils pas subir les pires tortures... plutôt que de céder devant cette « canaille » de Laferrière et cette « crapule » de Lutaud ? Et dans leurs imaginations folles, ils entrevoyaient la réalisation de ce désir d'être enfin les « maîtres de l'heure », des mahomets occidentaux en ce pays d'Orient, dont la puissance serait respectée sinon par conviction du moins par crainte. Et voilà que soudain, aux premières lueurs de l'aube, toutes leurs espérances s'évanouissaient une à une, toute leur confiance faisait place à la plus douloureuse stupéfaction.

*Povere!*

Bien volontiers nous nous apitoyons sur le sort de ces débris d'une résistance qu'on *savait* devoir être opiniâtre...! Mais nous ne saurions montrer de l'indulgence à l'é-

gard de Max Régis qui s'est inqualifia-
blement joué de la simplicité de ses défenseurs. Discuter leur clownerie de la
villa antijuive serait attacher de l'importance à la plus ridicule pasquinade de Max.
Laissons-le donc à ses erreurs grossières.
Mais quand ces fautes sont préméditées à
l'insu de ceux à qui on les fait commettre,
il n'est pas de termes assez vils pour désigner une pareille conduite. Tout avait été
prévu de la part de Régis. Il voulait fuir, il
avait fui. Se sentant abandonné de ses
conseillers, de ses aide de camp, de ses
amis les plus intimes, sa vraie nature
reprit le dessus et il mit à couvert les jours
qu'il conseillait aux Algériens d'aller exposer aux balles des rétablisseurs de l'ordre.
Quelle idée dut avoir Drumont du « chevaleresque jeune homme » ? Et le député de la
première circonscription n'a-t-il pas une
fois de plus senti l'opportunité de certaines
critiques ? En son âme et conscience, il doit
regretter d'avoir soutenu un ami si compro-
mettant, mais il lui est moralement interdit
d'exprimer son dépit dans la *Libre Parole*,
instituée panégyriste du fuyard italien. Tout

achevait donc de se gâcher du fait de l'ignominie d'un seul. Rochefort lui-même demeura coi en présence de tant de versatilité. C'était le cas d'appliquer au directeur de l'*Intransigeant* et à son confrère du boulevard Montmartre, le fameux vers...

Et ces deux vieux débris se consolaient entre eux.

Le coup était dur en effet, car il démolissait une argumentation édifiée à grands frais d'inventions, de sottises, d'exagérations saugrenues. La réputation de Régis, déjà rendue suspecte par les maladresses de ses biographes, s'affirmait désastreusement à la suite de cette finale, inévitable pour ceux qui le connaissaient. Il n'est rien comme la lâcheté pour discréditer un homme en vue. Et Régis en fait aujourd'hui la triste expérience. Ne connaissant de dialectique que le seul argument de la force brutale, il a fini par céder devant la menace de cette même force retournée contre lui. Fatal retour chez les êtres faibles d'esprit et dépourvus de convictions, des défauts qui les distinguent.

Désormais tu n'es plus, ô matière vivante,
Qu'un granit entouré d'une vague épouvante.

eut dit Baudelaire, et ce granit s'effrite de
en jour jour jusqu'à complète disparition de
la forme. Il ne peut y avoir de cohésion dans
l'intelligence d'un être aux passions si disparates, qu'il en oublie la cause initiale de
ses révoltes, pour reporter sur ceux qui les
encourageaient, toutes ses colères, tous
ses ressentiments.

Après cette défection, que devenait la
légende fameuse de grandeur, de bravoure,
de magnanimité? Et les doutes des Algériens qui, le soir de la « sortie » des *assiégés*
avaient assisté à la retraite piteuse de Max
dans la rue d'Isly, ne se confirmaient-ils pas
étonnamment? On ne pouvait lui pardonner
de s'être si longtemps joué de la crédulité
publique, d'avoir eu la prétention d'inter-
préter les grands premiers rôles, alors qu'il
n'avait l'étoffe que d'un traître de mélo-
drame. Un revirement considérable se pro-
duisit aussitôt et l'adulé de la veille devint
pour bien des indécis l'honni du lendemain.
Le clan des agitateurs professionnels ne dé-

sarma pas tout d'abord, mais il se réduisit journellement et rien ne fait prévoir sa reconstitution prochaine. Arabes et étrangers comprirent l'inanité de leurs menées sous les ordres d'un chef qui s'enfuyait à la première alerte, aussi l'apaisement succéda-t-il au trouble, le calme à la violence, de l'heure où Régis disparut d'Alger.

Vauvenargues disait qu'il faut permettre aux hommes d'être un peu inconséquents, afin qu'ils puissent retourner à la raison quand ils l'ont quittée et à la vertu quand ils l'ont trahie. Mais les inconséquences de Max étaient de celles qu'on ne pardonne pas, elles portaient en elles leur propre châtiment. Si du moins il avait eu le courage, cette « lumière de l'adversité », de donner à ses compagnons l'exemple du désintéressement, du stoïcisme, on eût excusé ses fautes en songeant qu'il est difficile à la nature de tenir toujours « le cœur des hommes au-dessus de leur condition. » Il n'en fut rien, le présomptueux fuyard se souciant peu de partager le pain des inconscients que son machiavélisme suivi de sa félonie avaient jeté dans les prisons.

Ses « lieutenants » qui étaient dans le secret de ses désirs, ont collaboré à cette œuvre vile, parce qu'ils pressentaient qu'une telle détermination discréditerait à jamais son auteur et qu'ils auraient leur tour de domination ! de prépondérance !! de grandeur !!! Mais l'effet a dépassé la cause. Nul ne paraît maintenant décidé à prendre la succession de celui qu'a renié l'Algérie française du jour où il a combattu la République sous le couvert de l'antisémitisme, de celui que renieront les étrangers dont il a trompé toutes les espérances.

Certains publicistes, plus clairvoyants que la foule, avaient-prévu cette fin et le sentiment de réprobation qu'elle soulèverait dans la presse. A titre documentaire nous allons citer quelques extraits des critiques que lui a valu son équipée lamentable. Voici d'abord ce que dit la *Dépêche Tunisienne* au sujet du plagiaire du fort Chabrol.

Alger donne, en ce moment, un spectacle lamentable et dangereux.

Lamentable et dangereux, bien moins du

côté du forcené, dont l'accès actuel dépasse les précédents, que du côté de ceux, magistrats et fonctionnaires, qui ne se décident pas à mettre fin aux exploits de cet énergumène.

A Paris, l'affaire de la rue de Chabrol mêlait à son scandale une bonne part de blague; peut-être, le Gouvernement a-t-il eu raison d'éviter les mesures violentes et d'attendre que la vue d'un fusil chargé décidât Guérin à capituler.

La situation n'est pas la même à Alger, et chaque jour de retard est gros de conséquences funestes.

Ce sont ces dernières sur lesquelles nous voulons insister, avec d'autant plus de droit que la répercussion pourrait s'en faire ressentir jusque dans nos régions.

A Alger, un révolté stupide tient en échec le Gouvernement français, au milieu d'une population étrangère.

A Alger, le plagiaire de la Villa Antijuive lance un appel à la guerre de races, se targue auprès de la population arabe du « dévouemeot qu'il lui a toujours montré »? et s'arrange pour lui faire entendre son cri de guerre : « Mort à Israël ! »

Or, qui ne sait que si l'Arabe commençait volontiers par *Israël*, il continuerait facilement, une fois entraîné, par le *Roumi*, par tout ce qui n'est pas musulman? Les nouvelles vont vite et se grossissent parmi les populations algériennes.

A l'heure actuelle, certainement, on se raconte, dans les tribus lointaines, des frontières du Maroc à l'oasis de Ouargla, que la révolution commence à Alger, que l'heure du pillage va sonner bientôt. Cela réveille les instincts sanguinaires et les appétits réfrénés seulement par la crainte du pouvoir.

Mais le pouvoir est occupé là-bas par les troubles d'Alger. Eh bien ! loin d'Alger ceux qui n'ont pas de juifs à leur portée jettent des regards d'envie sur les fermes, sur les bordjs des colons isolés, dont le pillage promet une riche proie.

Or, voici que l'on apprend que l'équipée de ce gamin malfaisant, étudiant blackboulé, en rupture de faculté, immobilise l'*armée*.

Les troupes devaient partir en manœuvres ; M. Max Régis les retient à Alger. Plus de doute ; elles ne pourraient pas davantage s'éloigner pour châtier des rebelles lointains.

Ces idées prennent corps, travaillent les cervelles indigènes et, quelque beau soir, des fermes seront incendiées, des colons français assassinés, leurs biens ravagés. Tout cela, pour que le *palito* des demi vierges du *Souvenir de Max Régis* continue à battre la mesure sur la terrasse de la Villa Antijuive, devant une vingtaine de braillards alcooliques.

Pour parer à cette situation, on ne semble avoir trouvé jusqu'ici que des proclamations et des mesures d'ordre. C'est trop et trop peu. Il faut des actes rapides et des mesures martiales. L'ancien maire d'Alger ne relève que du « décrochez-moi ça ! »

Et si l'opération n'est pas de son goût et de celui de ses amis, on peut bien employer à leur égard des procédés de vigueur.

Nous estimons que la peau du moindre de nos colons est cent fois plus précieuse que celle de Régis Milano et de ses gardes du corps. Après tout, si ces détraqués obligeaient les agents de l'autorité à faire usage de leurs armes, ce n'est pas du sang français qui serait répandu.

Cette critique précédait la fuite au sujet de laquelle les journaux parisiens se livrèrent à d'amusantes et à de justes observations. Citons-en quelques-unes :

Du *Figaro* :

M. Cornély constate que Régis a été moins tenace que Guérin. Il s'était déclaré en état d'insurrection ; il avait promis à ses confrères du *Télégramme Algérien* une exécution sommaire ; il avait annoncé qu'il tuerait tous ceux qui se présenteraient et que si l'on forçait sa demeure, il ferait sauter les assaillants et sauterait avec.

Après quoi, il a filé à l'anglaise.

## Du *Voltaire* :

Après avoir constaté la fuite lamentable de Régis, au lendemain où son journal appelait le peuple aux armes, ce journal dit que cette fuite crée une situation favorable dont le Gouvernement général doit profiter sur l'heure ; il est temps que tout cela finisse.

## De la *Lanterne* :

La police d'Alger a laissé échapper Régis : au fond, le mal n'est pas grand.

C'est peut-être même une circonstance heureuse puisqu'il nous est prouvé que le Gouvernement de l'Algérie peut enfin lutter.

La fuite de Régis débarrasse cette terre française qu'il trouble comme à plaisir et qui est si calme lorsqu'il n'est pas là.

Lui, parti, la tranquillité va sans doute renaître.

## De l'*Aurore* :

Régis s'est éclipsé devant son ombre, fort

bien; MM. Laferrière et Lalaud avaient le devoir de se conduire autrement qu'ils ne l'ont fait; le dénouement est heureux parce que le destin a plus d'esprit que les hommes, mais l'inertie de ceux qui ont tâché de défendre la loi et de rétablir l'ordre a failli donner à des perturbateurs qui n'ont même pas le courage de leurs rodomontades, le beau rôle, aux yeux du public.

Du *Radical* :

Max Régis est sorti furtivement de sa villa, pour fuir piteusement, laissant arrêter huit jeunes gens qui avaient eu foi en sa parole.

Du *Siècle* :

Ainsi s'achève, dans le grotesque, cette étrange équipée; il faut renoncer à essayer même d'en dégager un sens.

Du *Matin* :

Le uitlander d'Algérie n'a pas fait preuve d'une bravoure héroïque.

Après avoir adopté la formule « mort ou libre », il s'est enfui sous un déguisement, abandonnant ses compagnons.

Cette affaire-là a été promptement terminée ; elle le devait être.

Du *Petit Bleu :*

Max Régis, qui peut avoir encore une clientèle à Alger, comprendra bien vite que sous le prétexte de dépouiller quelques juifs, les commerçants ne veulent pas se ruiner.

Il est vrai que ce sont les gens qui parlent sans cesse d'apaisement dont le métier consiste à troubler la rue ; ils feraient bien de remiser leurs foudres de carton, voilà les théâtres qui rouvrent.

Du *Rappel :*

Max Régis est un homme terrible ; les lauriers de Guérin l'empêchaient de dormir ; il a voulu se hausser de quelques pouces, mais les temps héroïques sont décidément passés.

Quand la troupe est arrivée pour l'assaut, il n'y avait plus d'assaut à donner.

Régis avait pris la fuite par les toits ; Régis aime l'odeur de la poudre... mais de la poudre d'escampette.

De *La Paix :*

Comme un vulgaire impresario réduit aux

abois, Régis a levé le pied, laissant ses compagnons se débrouiller comme ils le pourraient avec dame police.

Max Régis est fini : qu'il soit en Espagne ou ailleurs, son départ n'est pas une levée de siège... c'est une levée de pied...

De la *Liberté :*

Régis qui avait passé par Tarascon, avant de regagner les hauteurs de Mustapha, a voulu avoir, à son tour, sa petite guerre obsidionale.

Après avoir annoncé qu'il s'engloutirait sous les ruines de sa citadelle au prix d'effroyables carnages, il préféra s'éclipser pourtant, sans avoir immolé personne, laissant les araignées tisser leur toile sur sa bonne épée, comme on le voit dans les gravures de la comédie italienne.

Régis qui n'a pas des jambes de bois comme cet autre illustre assiégé, le général Daumesnil, a gagné la campagne au pied léger.

Peut-être, a-t-il rencontré, dans le Tell, l'ombre de Tartarin promenant son vieux lion aveugle !

Maintenant, que faudra-t-il penser de l'Algérie, aujourd'hui surtout, qu'il n'y a plus pour se distraire les incartades de Régis ?

De la *Lanterne* :

Revenant sur l'affaire Régis, ce journal dit qu'on s'accorde à trouver Max d'un ridicule achevé. Son béret rouge, en effet, n'était qu'un vulgaire bonnet de coton, un bonnet sans mèche; ses fusils n'ont tiré que de la poudre d'escampette.

Le matamore victorieux s'est transformé trop vite en fillasse, forte en croupe, fuyant devant la police comme aux soirs de rafle.

Des *Débats* :

Il était fatal que la conduite de Guérin devait soulever des envies et Régis, tout particulièrement, était désigné pour être le premier imitateur.

Il n'eut pas cette bonne fortune de songer le premier à organiser chez soi cette résistance pittoresque, mais il imite fort bien et calqua le plan de son fort sur celui du fort Chabrol.

Pour y avoir songé un peu tard, il se rattrape en rendant sa forteresse plus confortable.

Les *Débats* racontent les précautions de Régis avec un tour ironique, puis ajoutent : tout cela est fort ingénieusement ordonnancé;

il y a un nuage à un si gracieux tableau, c'est que l'ennemi qu'on attend, le policier qui doit arrêter Régis et ses défenseurs, ne s'est pas présenté.

Les haricots et les légumes frais sont jusqu'ici dégustés au milieu d'une parfaite tranquillité intime.

On ne voit apparaître aucun mandat d'amener tout au loin et le Gouvernement de là-bas a la sagesse de ne pas prendre au sérieux ces préparatifs gastronomiques, soi-disant antisémites.

Il n'est pas jusqu'aux journaux étrangers qui n'aient jugé durement la conduite de Régis. Et si l'écho de cette réprobation générale lui arriva, à l'époque, jusqu'à Barcelone, il dut bien amèrement regretter de s'être exilé sous d'autres cieux, cet homme pour qui l'oubli est plus terrible que la mort. Lui même, n'oubliait-il pas que d'irresponsables jeunes gens avaient brisé leur avenir pour suivre ses prescriptions? Ses défenseurs, s'il lui en reste, prouveront-ils qu'il s'est préoccupé des malheureux qui ont expié durement les fautes qu'il a commises? En dehors de sa personne où il eût voulu que tout le monde s'attachât, qu'il cherchait à imposer à l'admiration de l'Algérie et de la métropole, pauvre garçon ! il ne comprenait rien, ne s'assimilait rien. Nouveau Gessler, il essaya même d'influencer ses concitoyens par la couleur de son chapeau. Sur l'honneur, nous affirmons ici *qu'à une certaine époque*, quiconque n'arborait pas le couvre-chef gris était considéré comme suspect. La couleur grise était la couleur *antisémite*, la seule qu'on dût adopter puisque telle était *sa* volonté. Mais les antisémites (!) de sa trempe n'usaient de leur union passagère que pour insulter les Français. A la logique des républicains, ils opposaient la force brutale d'un nationalisme de commande, qui n'avait d'autre but que de bouleverser l'État en y déchaînant la guerre civile. La fuite de Régis les libérait d'une suggestion malsaine.

Nous ne le suivrons pas dans son « exil ». De Barcelone, il gagna Alicante où, seuls, deux de ses compagnons lui demeurèrent fidèles : Gobillon et Jeandet. Mais nous ne pouvons nous empêcher de constater une fois de plus sa pusillanimité et son inqua-

liffable égoïsme. Tandis que tous les *dé-*
*fenseurs* du fort Bon-Accueil étaient en
prison préventivement, Max jouissait des
douceurs de la liberté sous le ciel d'Espagne, et préparait la mise en scène du dénouement auquel nous venons d'assister
devant la Cour d'assises de Draguignan.

Rééditant la comédie du procès de Grenoble, il fit sonner très haut la reconnaissance que lui devaient les élus municipaux
du 6 mai 1900, et, quoique étant de su
liste le candidat qui avait le moins de suffrages, il fut nommé maire pour la deuxième
fois. Était-ce l'assentiment général qui l'é-
levait à de telles fonctions? Assurément,
non, mais bien l'esprit de servilité et d'incompréhensible crainte des trente-six conseillers algérois.

Nanti de son écharpe, il n'hésita pas à
se constituer prisonnier quelques jours
avant sa comparution devant la Cour de
Draguignan, où il avait à répondre :

1° D'avoir le 20 septembre 1899, à Mustapha,
canton et arrondissement d'Alger, en réunion
armée de 3 à 20 personnes et à diverses reprises, commis une attaque ou une résistance

avec violences ou voies de fait envers des officiers ou agents de la police administrative ou judiciaire, agissant pour l'exécution des lois ou des ordres de l'autorité publique.

2° D'avoir, le 20 septembre 1899, à Mustapha, canton et arrondissement d'Alger, exercé des violences ou voies de fait sur des agents de la force publique, dans l'exercice de leurs fonctions avec intention de donner la mort;

3° D'avoir, le 20 septembre 1899, à Mustapha, canton et arrondissement d'Alger, ensemble et de concert, volontairement tenté de commettre un homicide sur la personne du commissaire de police Finances, (laquelle tentative, manifestée par un commencement d'exécution, n'a été suspendue ou n'a manqué son effet que par des circonstances indépendantes de la volonté de ses auteurs), avec les circonstances que la dite tentative d'homicide volontaire a été commise :

1. Avec préméditation;

2. Qu'elle a précédé, accompagné ou suivi les crimes ci-dessus spécifiés.

Ce qui constitue les crimes prévus et punis par les articles 209, 211, 214, 216. 228, 230. 233. 295. 296. 297, 302. 304, paragraphe premier du Code pénal et de la compétence de la Cour d'assises:

Le 26 juillet, après trois jours de débat,

le jury du Var *acquitta* l'agitateur et ses complices. Ce verdict stupéfiant, en ce qui concerne Régis, fut sévèrement commenté par la presse indépendante. Ce qui motiva tant d'indulgence, fut la déclaration solennelle du maire d'Alger : « Sur mon honneur, dit-il, je jure que si je sors libre de cette enceinte, je rendrai mon écharpe, et partirai en Chine lutter pour la République... ! »

Or, huit jours après, dès son retour en Algérie, Régis dit dans une proclamation affichée sur tous les murs de la ville, qu'il *administrerait* la capitale en homme RESPECTUEUX *de l'autorité*.

Le surlendemain, jeudi 3 août, il renouvela cette affirmation, du balcon de la *Dépêche algérienne*, que désormais il se dévouerait au bien-être de la cité... !

Pas plus qu'il n'avait tenu ses serments de ne jamais accepter aucune fonction publique, même celle de garde-champêtre, et d'aller au Transvaal, il ne tint donc ceux de démissionner et de partir en Chine. Mais où il allait achever de se discréditer, c'est en manifestant des désirs de conciliation avec les juifs. Ce n'était pas assez d'avoir été parjure et misérablement égoïste, il devait ajouter à son sceptre municipal un nouveau fleuron : celui du renégat, de sorte que maintenant, il ne reste de cette existence désordonnée, bruyante et vide, que le souvenir d'une chose funeste dont la colonie a profondément souffert.

Le devoir s'impose aujourd'hui, à un gouvernement sincèrement démocratique, à un gouvernement de droiture, de justice, de panser les plaies de cet organe essentiel qu'est l'Algérie à la France. C'est à l'étude des remèdes à apporter à notre morbide état social, que nous allons consacrer la dernière partie de cette œuvre. Il nous est d'ailleurs fort agréable de n'avoir plus à parler d'un homme qui, comme l'eût dit Bixiou de la *Comédie humaine*, a mené le convoi de son propre suicide.....

# CINQUIÈME PARTIE

## RÉFORMES ALGÉRIENNES

X. Réformes politiques. — XI. Réformes économiques.

--------

# X

## RÉFORMES POLITIQUES

Jules Ferry, avec cette profondeur de
vues qui en a fait un des plus grands politiques de l'époque, disait de l'Algérie
qu'elle était nécessairement livrée au conflit
et aux rivalités des races, c'est-à-dire des
groupes sociaux. Or, ces groupes n'ayant
pas de passé commun, constituent, non pas
des partis politiques, mais des *co/s* ayant

17

plutôt un homme à soutenir qu'une idée à défendre. Les luttes sont entre personnalités, non entre principes, et la cause en est dans le manque absolu d'homogénéité de la société algérienne.

Nous avons dit les exaspérations grandes, les continuelles dissensions qu'entretenaient d'ambitieux néo-Français. Nous avons montré le rôle dissolvant de factieux qui vont contre tout sentiment de logique et de patriotisme. Nous avons vu, d'autre part, à côté du péril juif, s'élever les périls étranger et arabe de beaucoup plus redoutables, autant de dangers nés précisément du peu d'unité de ces races si différentes entre elles, d'une mentalité tout autre, aux statuts personnels si étrangement opposés. De l'étude qui précède sur chacun des périls encourus au double point de vue politique et économique, et à celui non moins imminent de la sécurité, il résulte que tout n'est pas pour le mieux dans le meilleur des mondes que pourrait être la colonie. Elle le deviendra du jour où nous la qualifierons à juste titre : *Algérie Française*. Il n'a fallu rien moins que les événements de ces deux dernières années pour nous enlever à la torpeur où nous croupissions, tandis qu'autour de nous se dressaient les faces menaçantes de l'étranger, du juif, de l'arabe. Le branle-bas de la rue nous a éveillés au moment où nous allions peut-être passer de vie à trépas. Maintenant, nous sommes prêts à envisager l'avenir et à dévisager les vils attentateurs à nos droits et à nos libertés. Le tocsin d'alarme n'a pas, comme en 1572, « sonné la mort » des Coligny, des Ramus, des Jean Goujon. Il ne s'agit nullement, quoiqu'en disent les feuilles cléricales, de guerre de religions, mais de conflit de races. Et les mouvements auxquels nous avons assisté dénotent la nécessité d'une ère nouvelle. Plus d'hésitation de la part des pouvoirs publics entraînerait de funestes conséquences. Prévenu des intentions du cosmopolitisme algérien à l'égard de la France et des français d'origine, le Parlement doit étudier les moyens d'arrêter la contagion de ce mal.

Il en est un tout d'abord qui s'impose à l'attention générale : c'est la réforme des lois électorales, la réglementation de l'exercice du vote d'où découle très naturellement la suppression de la représentation algérienne.

La théorie ridicule qui assimile la colonie à la métropole nous a valu des applications néfastes de ce principe. La première est celle du décret Crémieux, suivie à dix-neuf ans d'intervalle de la loi sur la naturalisation des étrangers. Les autres se sont greffées sur ces deux principales, basées d'ailleurs sur le même fonds des privilèges électoraux accordés à l'aveuglette, d'un trait de plume, à des juifs, à des maltais, à des espagnols, à des italiens. Ces... français sont appelés au même titre que nous à élire des conseillers généraux, des députés, des sénateurs. Quelle confiance peuvent nous inspirer certains représentants issus de pareils suffrages?

Un journal des plus modérés de la presse algérienne écrivait, le 13 décembre 1898, au sujet de ces imprudentes décisions de 70 et de 80 :

En vertu d'un texte quelconque, on a mis en mains, aux étrangers et aux juifs, un bulletin de vote. Ils en usent, mais avec leurs appétits, leur tempérament et leurs passions. Quel souci voulez-vous qu'ils aient des destinées de la France, de sa grandeur morale et de son avenir politique? Ils ne la connaissent pas pour la plupart. Ils ignorent ses tendances, ses besoins, ses aspirations. Les députés qu'ils nous envoient ont conquis leurs suffrages en flattant leurs instincts. Or ces instincts n'ont rien de commun avec les nôtres.

La déduction à tirer est donc fort simple. Que la France fasse ses affaires elle-même. Qu'elle laisse ses colonies faire les leurs. Mais encore avec ce dernier système, importe-t-il de maintenir en dehors des atteintes des partis, l'idée française, les intérêts français.

C'est pourquoi nous n'avons cessé, et nous ne cesserons pas de préconiser :

1° La suppression des députations coloniales ;

2° La décentralisation administrative des colonies ; leur libre administration par des Assemblées locales, et l'élimination, dans l'élection de ces Assemblées, des éléments étrangers ou indigènes, c'est-à-dire leur nomination par les seuls Français d'origine, les Français vrais et non les Français de naturalisation, qui ne peuvent comprendre notre âme nationale et éprouver, pour la mère-patrie, les sentiments dont sont pénétrés ses vrais enfants.

Tant qu'on n'aura pas admis cette épuration de nos scrutins coloniaux, on laissera en péril notre influence et on livrera notre prestige national aux caprices et aux brutalités des majorités qui n'auront de français que l'étiquette.

Ainsi, ce journal préconise l'idée de la suppression de la représentation algérienne. Il estime que quelques-uns de ses membres desservent plutôt la cause coloniale en faisant chorus avec les dissidents et les réactionnaires de la Chambre. Leur rôle, en effet, ne devrait-il pas être d'éviter le plus souvent possible d'entrer en conflit avec le pouvoir exécutif? Si nous nous aliénons la sympathie du Gouvernement, quelles chances avons-nous de l'intéresser à notre sort. L'œuvre de ces députés algériens n'est féconde qu'en avanies de toutes natures et il répugne à des consciences honnêtes de se prêter davantage au jeu de politiciens impuissants, parce que trop impersonnels et pas suffisamment armés contre les attaques qu'ils suscitent de la part de leurs adversaires. Qu'a de commun cette politique d'estaminet avec les graves questions

sociales que le Parlement devrait chercher
à résoudre? L'inopportunité de notre représentation à la Chambre s'était suffisamment fait sentir, sans encore que deux
de ces représentants se rendissent ridi-
cules en s'alliant aux ennemis de la
République. Quel espoir restera-t-il aux
Algériens de voir aboutir leurs revendications, dès l'instant où leurs mandataires
combattent ouvertement ceux qui ont qualité pour les recevoir. Si, à cette considération, s'ajoute celle de l'isolement où se
trouvent les députés et sénateurs de la colonie au sein de l'océan parlementaire, cette
constatation rend plus vif encore le désir
de faire cesser un tel état de choses. L'un
d'eux nous disait dernièrement qu'*ils* n'é-
taient pas « pris au sérieux » à la Chambre.
Toute la vérité est là, toute la triste vérité !

En France plus qu'ailleurs, on est partisan des majorités. L'influence du nombre
est plus appréciée sous un régime démocratique que sous une monarchie. Or, l'Algérie
qui a des intérêts complexes et une super-
ficie plus grande que la métropole, n'est re-
présentée que par neuf personnalités qui

ont le tort, la plupart, d'être des politiciens au lieu d'être des économistes et des administrateurs. Leur élection soulève en outre d'ardentes polémiques, motive de cruelles animosités entre citoyens d'origines différentes. Les esprits s'exaltent dans ces luttes de scrutin, car chaque candidat a ses partisans acharnés. Rarement les naturalisés font cause commune sur le même nom avec les Français d'origine, de sorte que le droit de vote accordé en 70 et 80 sous un prétexte de rapprochement et d'assimilation rapides, flatte les tendances séparatistes des étrangers, éloigne les distances morales entre les différents groupes sociaux de la colonie.

« Quelle influence, dit M. de Chéon, ont exercé sur les destinées de la Mère-Patrie nos mandataires coloniaux ? Aucune.

» Ils n'avaient été nommés, et c'était la pensée du législateur, que pour défendre les intérêts coloniaux. L'ont-ils fait ? Pouvaient-ils le faire ? Non, car ils n'avaient au Parlement ni le nombre, ni l'autorité nécessaire. »

La *Revue de Paris* a exprimé ce même

sentiment de l'inutilité de nos représentants :

Nous avons émancipé l'Algérie trop tôt, écrit son correspondant. Nous lui avons fait un présent funeste, en lui donnant les droits politiques et le régime parlementaire.

L'erreur fondamentale commise en Algérie, celle qui lui a le plus nui dans le passé et qui pèsera le plus lourdement sur elle dans l'avenir, c'est celle que Burdeau a résumée d'un mot, lorsque, parlant de l'enseignement primaire, il a dit qu'il avait été *trop conçu sur le type français*. On peut dire de l'Algérie tout entière qu'elle a été trop conçue sur le type français.

Les géographes ont fait remarquer combien les pays qui bordent la Méditerranée se ressemblent entre eux. Ils ont fait voir que les montagnes de l'Afrique du Nord sont la continuation de celles de l'Espagne et de l'Italie. Ils n'ont pas eu de peine à montrer que le climat, la végétation ressemblent fort à celles de l'Andalousie, voire même de la Provence. Comme, d'ailleurs, Alger est à 770 kilomètres de Marseille, distance que nos vapeurs franchissent en vingt-six heures, les politiques et les économistes en ont conclu que l'Algérie est un prolongement de la France, une continuation du territoire de la Métropole, une partie intégrante de la vraie France plutôt qu'une colonie proprement dite. On ne saurait s'imaginer tout le mal qu'a causé cette dangereuse illusion.

Que les caps et les montagnes, se profilant sur un ciel lumineux, rappellent la côte d'azur, c'est l'affaire des artistes. Que l'on se trouve dans la zone de l'olivier et du lentisque, nous en demeurons d'accord avec les botanistes. Mais ce qui est certain, c'est qu'au point de vue politique et humain nous sommes ici dans la zone du musulman, ce qui change tout. En un mot, la nature peut être semblable, mais l'homme diffère. Il faut donc lui appliquer des lois spéciales, faites exprès pour lui, tenant compte de son passé, de ses idées, de ses sentiments et de ses aspirations. C'est parce que l'on a conçu l'Algérie *sur le type français* qu'en 1871, en même temps qu'on naturalisait les israélites indigènes, on lui a donné une représentation politique au Parlement. Si notre énoncé est exact, la conclusion en découle tout naturellement : la suppression des députés et sénateurs algériens s'impose, et cette suppression doit être immédiate. C'est la réforme sans laquelle toutes les autres sont impossibles.


Mais cette suppression de la représentation n'implique pas que l'Algérie doive être directement dirigée par la métropole.

Il faut au contraire lui reconnaître le droit de s'administrer elle même, (voyez la Tunisie), tout en donnant au gouverneur général des attributions plus étendues et en le nommant pour un délai déterminé et renouvelable, quatre ou cinq ans, à l'instar du vice-roi de l'Inde anglaise. Au nom de la commission des questions algériennes, Jules Ferry y traita magnifiquement, dans son rapport, de l'opportunité d'un changement complet de système de colonisation. Est-ce à dire que le gouvernement devra se désintéresser de sa possession d'outre-mer ? Il aura le devoir strict de contrôler les actes et les comptes de gestion du gouverneur et *d'une assemblée coloniale* qui soumettrait à son approbation de véritables projets de loi. La création de cette sorte de Parlement algérien chargé de discuter et de défendre les intérêts de la colonie constitue la deuxième réforme à réaliser.

Comment se composerait et quelles seraient les attributions de cette assemblée? Un érudit collaborateur d'une revue politique, exprime à ce sujet pleinement notre opinion.

Tout d'abord, il ne faudra pas en éliminer les fonctionnaires. On ne fera croire à personne qu'un commandant de corps d'armée, un recteur, soient moins libres de leur vote, que les membres élus. Cependant l'essentiel est qu'ils aient entrée au conseil. Leur vote n'est pas indispensable.

Il faut, d'autre part, renforcer le nombre des membres élus qui entrent dans la composition du conseil supérieur, lesquels sont des délégués des trois conseils généraux et des délégations financières instituées par les décrets de 08. Quant au mode d'élection, il y aurait lieu d'admettre le suffrage universel et direct.

Il est infiniment probable que cette assemblée serait la représentation *des intérêts économiques* et que les Algériens auraient assez de bons sens pour en exclure les politiciens de profession. Un des meilleurs moyens d'y parvenir serait d'avoir des sessions très courtes, afin que les colons, petits et grands, et les commerçants puissent y siéger sans nuire à leurs propres affaires. Il n'y a aucun motif d'exclure les indigènes d'une telle représentation vraiment locale. C'est ici que les généreuses théories de M. Jaurès trouveraient parfaitement leur application. Les indigènes sont des contribuables très importants, ils ont déjà accès dans les conseils municipaux, généraux et aux délégations financières, il faut leur donner un certain nombre de sièges au conseil colonial. Il faut en outre éviter que les européens puissent administrer seuls et que l'élément français soit submergé. Les conseillers musulmans seraient élus en territoire civil par un collège électoral restreint, en territoire militaire, ils seraient nommés par le gouverneur.

Quant aux attributions du Conseil, on s'accorde à penser qu'il devrait être obligatoirement consulté sur toutes les questions de législation intéressant la colonie. Comme le dit avec raison M. de Chéon : « Des projets de loi présentés par le Parlement algérien et approuvés par le gouverneur auront d'autres chances d'être homologués par le Parlement métropolitain, et l'économie de ces projets de loi résumera du moins l'opinion de l'Algérie. »

Ce qui donne plus de poids à la réforme que nous venons de proposer, c'est l'opinion même de Jules Ferry sur l'impossibilité d'une assimilation immédiate et absolue de l'Algérie à la France.

Leur donner à toutes deux les mêmes institutions, écrivait-il, le même régime législatif et politique, leur assurer les mêmes garanties, les mêmes droits, la même loi, c'est une conception simple et bien faite pour séduire l'esprit français... Aujourd'hui, après nombre d'expériences, il faut avoir le courage de reconnaître que les lois françaises ne se transplantent pas étourdiment, qu'elles n'ont pas la vertu magique de franciser tous les rivages sur lesquels on les importe, que les milieux sociaux résistent et se défendent et qu'il faut en tous pays que le présent compte grandement avec le passé...

Cette belle pensée de Montesquieu : *les lois sont des rapports nécessaires qui dérivent de la nature des choses*, ne trouve pas entièrement son application en Algérie. Les lois doivent en effet suivre les mœurs et non les devancer; or, dans notre colonie nord africaine, elles les ont précédées de tous temps. Trois civilisations s'y heurtent : musulmane, européenne, française.

La civilisation musulmane est le produit de quatorze siècles de fanatisme. La civilisation européenne (étrangère au sens algérien) différencie de la nôtre sur bien des points, les mentalités des peuples dits latins n'ayant de commun avec celle des français d'origine que le... voisinage des nations. De là, sans doute, l'impropre expression de nations sœurs. Pouvait-on espérer que notre seule influence attirerait à nous, *ex abrupto*, les races anciennes (arabes, juifs) et nouvelles (Espagnols, Italiens, Maltais) implantées en Algérie? Utopie que cela! L'expérience l'a prouvé. Persister dans une telle voie serait vouloir perpétuer une erreur. Cette leçon devrait être suprême. Maintenant que les esprits se rassérènent sous la promesse que des mesures à la fois prudentes et énergiques vont être prises, il ne faut pas leur causer une désillusion qui serait cruelle et qui pourrait entraîner les pires conséquences. C'est pourquoi le Parlement comprendra la nécessité d'agir de suite, de rassurer les consciences françaises d'origine ou *d'adoption spontanée* et ne se désintéressera plus, comme par le passé, de tout ce qui touche à l'Algérie.

Les réformes proposées déjà ne seront pas les seules à accomplir. La suppression de la représentation et la création d'une assemblée coloniale entraînent avec elles des mesures d'un ordre spécial dont l'application complètera l'œuvre d'assainissement poursuivie par les vrais patriotes, les sincères républicains. L'une d'elles, non la moindre, est la *revision* du décret de 70 et de la loi de 89. Aux chapitres des périls juifs et étrangers, nous avons longuement signalé le danger des droits électoraux concédés à des sujets qui s'en font une arme contre notre prépondérance. Nous n'y reviendrons pas. Mais cette constatation doit donner à nos assemblées législatives le désir de remédier à une aussi grave lacune, de sorte qu'une fois la décision réclamée et attendue impatiemment par la population travailleuse, honnête, saine de la colonie, prise par les Chambres, le Parlement algérien sera l'émanation d'une volonté bien française, par conséquent consciente de ses devoirs et de ses droits.

Nous ne pouvons ne pas reconnaître que, nés sur le sol algérien, les étrangers et les juifs sont *sujets* français et peuvent à ce titre bénéficier de nos prérogatives civiles. Mais qu'ils soient du jour au lendemain élevés à la qualité de *citoyens*, qu'ils puissent se livrer à l'exercice des droits politiques, exercice qui leur donnerait une supériorité sur nous en raison de leur accroissement continuel, nous ne saurions souscrire à tant d'imprudente générosité.

M. Demontès, membre de la société de géographie d'Alger, dans une brochure traitant des « étrangers en Algérie », estime que les résultats du démembrement de 96 ont de quoi surprendre ceux qui se souviennent des précédents recensements.

En effet, le nombre des étrangers en 96 s'élevait à 237,138 et celui des Français à 346,870, alors qu'en 91, on comptait 236,918 étrangers contre 244,106 français ! Mais cette augmentation de 100,000 nationaux s'explique par les chiffres de 40,000 hommes de l'armée et de 38,000 *naturalisés* de 91 à 96, chiffres non compris dans le dénombrement de 91.

Or ces naturalisés, dit M. Demontès, étant de race étrangère, peuvent aussi bien être comptés parmi les Français. Dans ce cas, que devient la supériorité (!) de l'élément national?

Si nous enlevons de 346,870 Français dénombrés en 96, les 40,000 soldats et les 38,000 naturalisés que ce chiffre comprend, nous nous trouvons en présence de 268,870 *Français d'origine*, contre 237,138 étrangers augmentés de 38,000 naturalisés, soit 375,138 *étrangers*.

Aux termes de la loi du 26 juin 1889 ces 375,138 étrangers seront *tous* citoyens français dans quelques générations... Nous savons combien déjà il y avait lieu d'être mécontent d'une incorporation dans notre groupe national, d'Espagnols, d'Italiens, de Maltais qui n'ont ni nos mœurs, ni notre âme. Laissera-t-on s'aggraver le mal en continuant à ouvrir largement cette porte des naturalisations? Les effets du décret Crémieux n'eussent-ils pas dû servir d'exemple? Et puisque bien avant les troubles de 1881, on avait demandé la révision de ce décret, il ne fallait pas s'exposer à un péril plus imminent encore en acceptant, *sans préparation*, des étrangers dans la grande famille française.

Si on ne revient au régime de la naturalisation individuelle, les naturalisés auront avant peu une influence décisive dans la politique de l'Algérie.

Sur 100 communes de l'Oranie, il y en a 60 où domine l'élément espagnol. Dans plus de 30 centres du département d'Alger, les étrangers sont en majorité absolue.

« On nous accordera bien, dit M. Lenormend, qu'une loi qui, dans quelques années, produirait l'élection d'une majorité de conseillers généraux espagnols et italiens et rendrait la colonie parfaitement inhabitable pour les Français, a définitivement fait son temps. »

Un distingué jurisconsulte, dans ses « commentaires du Code civil », a développé cette thèse :

Quand et à quelles conditions sera-t-il possible d'acquérir une nouvelle nationalité.

En principe, il est d'avis que tout changement de patrie est subordonné à l'accomplissement d'une double condition.

La première, c'est qu'il faut que le national soit juridiquement capable de changer de patrie. Tant que son désir n'a pas été accueilli par l'État dont il sollicite l'admission, il a conservé sa nationalité première et le statut personnel qui en découle (C. civ. art 3, § 3). C'est donc par sa loi d'origine qu'il convient de délimiter l'étendue de sa capacité; mais il est à remarquer que cette capacité, suffisante pour renoncer au pays dont il a dépendu jusqu'à ce jour, ne le sera pas toujours pour acquérir une patrie nouvelle. La législation de l'État dont il réclame le droit de cité est en effet maîtresse de préciser les conditions de son adoption et d'exiger du postulant une capacité plus étendue.

La deuxième condition est que l'intéressé consente à changer de patrie. Ce consentement est nécessaire et ne peut être suppléé. On est généralement d'accord aujourd'hui pour repousser la dénationalisation à titre de peine et la naturalisation forcée.

D'ailleurs le consentement n'a pas besoin

d'être formel ; il peut être induit d'une série de faits où la volonté du national, interprétée par la loi ou par les traités, joue un rôle essentiel ; demande en naturalisation ou en réintégration, mariage avec un sujet étranger, acceptation de fonctions publiques ou d'un service militaire, établissement fait sans esprit de retour en pays étranger, commerce ou possession d'esclaves, option ou refus d'option à la suite d'une cession de territoire. La volonté est nécessairement individuelle ; il est à peine besoin de dire que nul ne peut consentir pour autrui, surtout dans un contrat auquel se rattachent d'aussi graves intérêts. Dès lors le changement de nationalité est personnel à celui qui l'obtient. Accordé à un chef de famille, il ne peut être opposé à sa femme, lorsqu'elle ne s'est pas spontanément associée à son consentement, ou à ses enfants, et il ne peut être réclamé par eux.

Ces considérations d'ordre juridique expriment la pensée développée par M. Jean Olier dans la « Revue politique et parlementaire » sur les résultats de la législation de 70 et de 89 en Algérie.

La plupart des auteurs qui ont traité dernièrement de la naturalisation et de ses effets, sont d'accord sur ce point, que l'accession des étrangers ne serait qu'un demi-mal, si on ne leur conférait pas des droits politiques *qu'ils ne peuvent être en mesure d'exercer.*

L'exercice des droits civils, aux termes de l'article 7 du code civil, est indépendant de celui des droits politiques ; qu'y aurait-il donc de contraire au principe de notre législation si le Parlement prenait une décision ferme à cet égard ?

M. de Chéon, que nous citons souvent parce qu'il a une conception des plus justes de la question, s'écrie au sujet des naturalisations et de leurs conséquences :

Ne commettons pas, pour jouir d'un droit illusoire, cette hérésie antipatriotique de mêler à la politique de la France des étrangers qui n'y ont aucun intérêt moral ou matériel. Comment les instigateurs de ces lois n'ont-ils pas compris qu'ils faisaient la même faute qu'on reproche si justement à Crémieux !

En 1848, l'Assemblée Nationale, dans sa séance du **27** avril, a accordé à *certaines colonies* le droit d'élire des députés ; ce droit leur fut retiré en 1852, puis rétabli en 1871 ; enfin, le **24** février 1875, une loi leur accorda le droit d'élire des sénateurs. C'est donc une législation variable qui peut être modifiée. Ce prétendu droit n'est donc pas un principe.

La confusion provient de cette idée fausse que l'Algérie est le prolongement de la France, qu'elle doit y être assimilée, ce qui est contraire au bon sens, puisqu'elle en est essentiellement différente, que ses habitants n'y ont point l'unité qui fait la patrie.

L'Algérie est une colonie que nous avons le devoir d'administrer avec humanité, avec justice, avec habileté afin de la rendre prospère au mieux des intérêts de la France. Nous y avons semé notre sang, notre travail, notre or; elle nous appartient. Et si, dans un avenir très éloigné, notre intelligence, notre civilisation, notre génie expansif nous assimilent sa population indigène et étrangère, nous aurons accompli une grande œuvre; ce jour-là l'Algérie sera le prolongement de la France. Mais aujourd'hui, c'est une colonie.

La première erreur a donc été l'assimilation sous toutes ses formes, rattachements, organisation préfectorale, création prématurée de communes de plein exercice — affaiblissement du pouvoir central des gouverneurs — substitution en un mot du régime de la métropole au régime colonial.

La seconde, les droits politiques, par la confusion des deux qualités de sujet et de citoyen.

Ainsi, il y a trois réformes politiques principales à réaliser :

1° Révision des lois *électorales* de 70 et de 89 ;

2° Suppression de la représentation algérienne et création d'une Assemblée coloniale élue par le suffrage universel, chargée de voter le budget, sous le contrôle du Parlement de France et la direction du gouverneur général.

3° Extension des pouvoirs du gouverneur.

Il appartient à de plus compétents d'étudier le jeu de ce programme politique, mais nous estimons que la prospérité de l'Algérie est subordonnée à son application. Du jour où il sera rempli, la colonie retrouvera le calme nécessaire à toute œuvre de fécondation. Le Gouvernement a le devoir de s'inspirer de cette vérité et de rétablir sur ce sol bouleversé par des passions qu'il a lui-même fait naître, l'ordre sans lequel civilisation, progrès et liberté sont de vains mots, la paix sociale nécessaire aux prospérités économiques.

# XI

## RÉFORMES ÉCONOMIQUES

Pour atteindre à l'unité d'action et d'influence nécessaire à l'établissement définitif de notre prépondérance, tout amicale d'ailleurs, tout hospitalière, il faut, parallèlement aux réformes politiques, réaliser des réformes économiques.

Or, il est un moyen de contrebalancer la puissance croissante des étrangers due à leur intrusion en masse dans la famille française, c'est de faciliter l'immigration de nos compatriotes en instituant des Compagnies de colonisation.

On lit à ce sujet dans le *Bulletin du Service des Renseignements* :

Le Peuplement colonial de l'Algérie est, depuis quelques années, l'objet d'études nombreuses dans le monde économique. Parmi les travaux les plus récents sur les questions de cet ordre nous citerons le très remarquable travail que vient de publier M. Lucien Bonzom sur le régime fiscal dans nos provinces algériennes.

L'auteur s'est attaché à démontrer que la France a fait œuvre utile et fructueuse « en » poursuivant, à grand renfort d'hommes et de » millions, sa tâche colonisatrice en Algérie ». Il établit, d'autre part, que « des considérations » majeures font un devoir impérieux d'inciter à » l'accroissement de l'élément national dans la » colonie ».

Les intérêts économiques de l'Algérie sont étroitement liés au développement de la colonisation par l'immigration française. En effet, il est facile de démontrer que l'arabe, abandonné à lui-même, produit moins que sous l'influence, même indirecte, des colons français. Bien loin de souffrir de l'accroissement des immigrés métropolitains, les indigènes y trouvent des sources de bien-être par la rétribution équitable de leur travail ; ils y trouvent jusqu'à la sauvegarde de leur existence. « L'élément indigène, dit M. Lucien Bonzom, s'accroit à notre contact et s'éteint loin de nous. » Les chiffres comparés des recensements de 1856 et 1881 l'établissent très nettement.

Aussi M. Paul Leroy-Baulieu a-t-il dit, conséquemment au principe énoncé plus haut, que si l'Algérie comptait un million de colons français au lieu de 550,000, elle payerait largement ce qu'elle coûte, même une partie des dépenses de l'armée,

« Si 550.000 colons, dit-il, payent 40 à 50
» millions sur les 90 environ de recettes géné-
» rales, départementales et communales, un
» million de colons payeraient facilement 80 à
» 90 millions de francs et plus encore, car la
» puissance contributive individuelle augmente
» avec la masse des individus.

« Une collection de un million d'hommes ci-
» vilisés et actifs sur une terre considérable et
» féconde ne produira pas seulement deux fois
» plus que 500,000 individus dispersés sur une
» vaste étendue, elle produira probablement
» quatre fois plus. Avec ces 40 à 50 millions de
» plus, la France serait indemnisée de ses charges
» et il resterait une quinzaine de millions à affec-
» ter aux services algériens. »

M. P. Martel, président de la Chambre de Commerce de Bône, s'est exprimé dans le même sens, tout récemment, à propos de la question de la main-d'œuvre en Algérie.

Les idées qu'il a exposées dans une lettre adressée au Service des Renseignements généraux trouvent un corollaire à la fois précis et concluant dans les lignes suivantes de M. Lucien Bonzom :

« Attirer un million de colons français sur
» la terre algérienne pour lui donner sa réelle
» valeur, puis pénétrer, contenir et animer l'élé-
» ment indigène, tel était bien le problème qui
» s'était posé, dès le premier jour de la conquête ;
» celui dont Bugeaud, Lamoricière, Bedeau,
» Randon, Pelissier, ont si ardemment souhaité
» la solution, mais que, d'autre part, nombre
» de fautes, nombre d'obstacles ont contre-
carré.

« Assurément, ce n'est pas par la surélévation
» des charges fiscales que l'on parviendra à le
» résoudre, mais bien plutôt par une œuvre
» d'éducation et de meilleure répartition des
» facultés contributives des populations. Educa-
» tion de l'indigène portant sur l'enseignement
» des meilleurs moyens à mettre en usage pour
» faire produire à ces terres, dont tant d'im-
» mensités sommeillent depuis des siècles, les
» opulentes moissons qui n'ont plus fleuri depuis
» l'occupation romaine. Quant à ceux qui vou-
» draient persévérer dans l'inertie, l'indifférence
» et le fatalisme, l'impôt devrait les contraindre
» à céder la place à des bras entreprenants, et
» ainsi, la colonisation, qui actuellement se
» plaint de manquer de terres, en trouverait
» sans peine.

« Pour augmenter le nombre des colons, nous
» ne serions pas hostiles à l'octroi à des fils de
» colons trop à l'étroit sur le champ paternel.

» de concessions plus libéralement accordées
» qu'à l'heure présente : à une publicité utile et
» intelligente des terres en déshérence et des
» moyens de les acquérir, publicité que l'État
» peut faire à frais minimes, dans tous les éta-
» blissements sous sa dépendance ; ces moyens,
» mieux que l'installation dispendieuse d'émi-
» grants, comme en 1848, en 1871 et les tenta-
» tives subséquentes, pourraient donner de pro-
» fitables résultats.

« Ainsi nous semble trouvée la solution du
» problème : les Français, par l'exemple, pous-
» sant leurs voisins indigènes à une plus profi-
» table mise en valeur du sol, les uns et les
» autres produiraient davantage ; d'où, sans
» demander à l'impôt une quote-part supérieure,
» les Pouvoirs publics obtiendraient des ren-
» dements plus élevés dans l'ensemble. Les
» détracteurs de l'expansion coloniale seraient
» peut-être, ce jour-là, les premiers à démon-
» trer que c'est un nouveau Canada que la
» France a réellement reconquis sur la côte
» septentrionale d'Afrique. »

Ainsi, loin de s'exclure, l'élément français et
l'élément indigène se complètent.

Les exploitations agricoles dirigées par les
colons français en Algérie offrent aux arabes
une main-d'œuvre qui est pour ceux-ci un per-
pétuel enseignement. C'est surtout là que l'on
observe la collaboration du Français et de l'In-

digène et qu'on peut en constater l'action salutaire et les résultats féconds.

Ce coefficient, exploitation du sol, a fort bien été défini et délimité par M. Laferrière dans un discours d'ouverture du conseil supérieur.

Les réserves domaniales, y disait-il, sont loin d'être épuisées. Elles représentent, en dehors des quinze cent mille hectares occupés par les forêts, huit cent quatre-vingt-six mille hectares de terre dont la valeur est inégale, mais dont le quart environ est propre à la culture et le surplus au parcours du bétail.

Nous devons penser à consacrer progressivement ces terres à notre œuvre colonisatrice. Dans ce but, j'ai invité les services du Domaine, de la topographie à relever sur les domaines administratifs et à répartir sur des cartes, à grande échelle, toutes ces terres domaniales.

Leur nature et leur emplacement étant ainsi déterminés, il deviendra facile d'apprécier quelles terres peuvent être rattachées aux centres existant et quelles autres pourront être groupées pour former des centres nouveaux. Celles qui seraient trop morcelées ou trop éloignées des voies de communication pourraient faire l'objet d'un travail ultérieur en vue d'échanges avec des propriétaires indigènes.

Ces échanges, je n'ai pas besoin de le dire, s'inspireraient toujours des idées de justice et de bienveillance dont nos populations indigènes nous savent animés pour elles.

Nous pourrons ainsi préparer méthodiquement la répartition des terres disponibles entre les jeunes colons nés sur le sol algérien et les *colons venant de France auxquels nous ne cessons d'adresser un fraternel appel et de tendre une main amie.*

Il y a là évidemment une source de bien-être pour une vigoureuse et entreprenante jeunesse attirée par la magie du ciel africain et les promesses d'un gouvernement paternel.

D'autres réformes s'imposent non moins despotiquement : l'institution d'un budget spécial, l'érection de l'Algérie en personnalité civile. Nous invoquerons à nouveau la haute autorité du remarquable administrateur qu'est le gouverneur général au sujet de ces réformes dont il s'est déclaré partisan à maintes reprises. Encore à la session de novembre 1899 des « délégations financières », il exprimait ainsi son contentement de voir agréer en principe le vœu formulé par cette assemblée :

L'institution d'un budget spécial, déclarait-il, qui a été le principal objectif de nos efforts et qui en sera le *prochain couronnement*, a obtenu depuis un an des adhésions de plus en plus nombreuses et convaincues.

Celle du Gouvernement s'était déjà manifestée lors des décrets du 23 août 1898, mais il importait qu'elle ne fût pas remise en question à la suite des changements survenus dans la direction des affaires publiques. Le Gouverneur général, à qui il incombait de seconder sur ce point le vœu des Assemblées algériennes, a eu la satisfaction de reconnaître que le principe même de la réforme ne trouve plus de contra-tradicteurs. Mais des discussions ont encore paru possibles sur les moyens de la réaliser.

Cette adhésion de principe ne s'est pas seulement produite dans les Conseils du Gouvernement, elle s'est manifestée aussi dans les milieux parlementaires, sinon par des votes qui n'ont pas encore été provoqués, du moins par les déclarations de plusieurs orateurs et par l'assentiment qu'elles ont reçu.

Vous savez aussi quel interprète autorisé de ses vœux l'Algérie possède devant la Commission du budget, en la personne de l'honorable

M. Le Moigne, rapporteur du budget algérien. Il renouvellera et il accentuera cette année — il m'autorise à vous le dire — les déclarations qu'il avait faites l'année dernière en faveur du budget spécial.

Notre cause vient enfin d'être, pour la première fois, exposée et défendue devant la plus haute juridiction financière du pays, devant la Cour des Comptes, que son éminent Procureur général a bien voulu entretenir du budget spécial de l'Algérie, à son audience solennelle de rentrée.

Je suis sûr d'être votre interprète auprès du Procureur général près la Cour des Comptes, en le remerciant de l'esprit de justice et de sympathie pour l'Algérie qui règne dans cette remarquable étude.

On peut donc considérer la réforme comme acquise en principe, mais il reste à assurer son application.

Cette réforme peut d'autant mieux être considérée comme acquise en effet, que M. Le Moigne a tenu sa promesse en préconisant, à la séance du 14 décembre 1899, l'émancipation financière de l'Algérie, mais sous forme d'un budget intégral qui serait soumis d'abord à l'examen des « Délégations financières », puis voté par le Conseil supérieur, enfin présenté dans son ensemble à l'homologation de la Chambre et du Sénat.

Le Président de la Commission parlementaire qui, tout récemment, enquêtait en Algérie, M. Pourquery de Boisserin, a rédigé, au cours de son voyage d'études, deux rapports : l'un sur l'opportunité d'un conseil colonial, l'autre sur la création d'un *budget spécial*.

Après avoir constaté la nécessité de cette réforme et rappelé les paroles que M. Barthou prononçait à la séance de la Chambre du 16 mai 1899, M. Pourquery de Boisserin fait suivre son projet de ces considérations :

Nous sommes partisans de cette réforme qui permettra à notre grande et belle colonie d'accomplir rapidement les efforts financiers dont dépend la mise en valeur trop retardée de ses immenses richesses, pour l'achèvement à bref délai de son outillage économique tout à fait insuffisant. Nous en sommes partisans dans l'intérêt de l'Algérie et dans l'intérêt de la Métropole qui, dans ses magnifiques possessions du nord de l'Afrique, porte ouverte au développement de prospérité économique, d'influence

et de force qui nous sont promis sur ce conti-
nent tant convoité, trouvera plus vite et plus
sûrement, grâce à ce moyen, la récompense
due aux sacrifices de toutes sortes qu'elle a
faits pour la colonisation de l'Algérie et, disons-
le aussi, aux labeurs soutenus, aux initiatives
hardies et aux admirables entreprises de ces
colons.

**Antérieurement à ces considérations,
M. Viviani écrivait dans la *Lanterne* :**

Il faut à l'Algérie une vie économique nouvelle ; l'Algérie doit faire, pour être en état de
vivre d'une vie propre, d'immenses travaux par
lesquels elle mettra en valeur son sol, ses hauts-
plateaux, ses vignes, ses champs ; elle doit
faire jaillir de l'eau partout et partout porter la
charrue.

Mais avec quel argent ? il lui faut pour cela
trois cent millions ! Qui les lui va donner ? Ce
ne peut être la Métropole qui peut compter les
milliards déjà fournis et dont le tiers au moins
a été gaspillé. Ce ne peut donc être que l'Algérie
elle-même, en empruntant au monde la somme
nécessaire, en gageant son emprunt sur ses
richesses connues et à venir, en s'obligeant à
solder les intérêts du capital et ensuite en prenant dans ce labeur libérateur la conscience de
sa responsabilité, le goût de l'effort utile, le
sentiment de sa puissance.

Une loi est nécessaire qui lui donnera la personnalité civile par laquelle lui sera octroyée la capacité d'emprunter.

C'est beaucoup, mais la hardiesse de ces vues qui ne sont pas nouvelles n'en exclut pas la sagesse.

Déjà M. Laferrière s'était nettement déclaré en faveur de la personnalité civile de la colonie au mois de janvier 1899.

Personne civile, disait-il, la colonie pourra être propriétaire. Quel sera son domaine? Dans quelles mesures les terres et les forêts possédées par l'État pourront-elles contribuer à le former? Elle pourra faire des contrats, notamment des emprunts devenus si nécessaires au développement de notre outillage économique. Quels excédents de recettes et quelles autres ressources seront le gage de ces emprunts? Elle pourra créer et encourager des institutions de crédit, de prévoyance, d'assistance, destinées à aider les colons et tous les travailleurs, à déjouer les pièges de l'usure et les ressources de la misère.

L'usure et la misère sont deux fléaux qui sévissent depuis longtemps en Algérie. Un décret publié à l'*Officiel* du 10 janvier

1898 fut pris sur les conclusions de M. Cambon qui lui-même s'appuyait sur les conclusions du Conseil supérieur. Aux termes de ce décret, les conventions usuraires étaient punies et le taux de l'intérêt en matière civile était limité à 10 0/0. La seule constatation des formidables abus dont les petits débiteurs sont victimes, surtout dans le monde agricole et viticole, a fait naître, dans l'esprit de tous les gouvernements, la préoccupation de la constitution d'un *crédit agricole* qui se substituerait à l'institution des comptoirs d'escompte.

L'usure fait naître la misère, et la misère, l'insécurité. Les arabes spoliés, appauvris, réduits à la plus sordide indigence par les « vautours » juifs, indigènes ou européens, pillent, volent, incendient pour assouvir leurs appétits farouches.

« Le remède à l'insécurité, c'est la prospérité », disait, le citoyen Michelier au congrès socialiste algérien ; et M. Daniel Saurin complétait cette pensée, en ajoutant que la paix se réalise dans le bonheur et que « deux ventres garnis ne furent jamais ennemis. » C'est une vérité sociale dont s'inspireront les membres du

Parlement pour aider à la satisfaction des besoins immédiats des « colons », principalement dans l'acception agricole du mot. Les musulmans, qui sont sujets français, à qui nous devons protection, soutien, dont nous avons accepté les fortunes comme un patrimoine, bénéficieront des mesures que ne peut manquer de prendre le Gouvernement en vue de la création d'un établissement de crédit solidement, honnêtement constitué.

C'est la misère, s'écriait encore le citoyen Michelier à la séance du 25 juin, qu'il faut poursuivre, beaucoup plus que le crime. Car le crime n'est jamais que l'effet d'une cause, et cette cause sera toujours la faim.

Or, du jour où cette maison de banque, ce crédit agricole fonctionnera, où, paternellement mais sagement toutefois, elle facilitera aux colons les transactions auxquelles ils se livrent auprès d'usuriers qui les font exproprier, les ruinent, les condamnent au désespoir, l'Algérie laborieuse se ressaisira pour le plus grand bien de la prospérité commune.

Cette série de réformes, tant politiques qu'économiques, fera, à n'en pas douter, l'objet d'études approfondies de la part du

Parlement. Il ne se peut pas qu'il continue à se désintéresser d'une colonie aussi belle, aussi magnifiquement appropriée à un développement considérable, pour peu que par des décisions prudentes, mais nécessaires, il aide à l'exploitation de son sol et de ses richesses minières. C'est surtout à ce point de vue que l'Algérie, devenue *personnalité civile*, devra consacrer une partie des emprunts qu'elle pourra contracter. A la construction de routes, d'un réseau complet de voies de communication, se rattache la création de centres de colonisation. Cette création elle-même demandera un travail préliminaire où la main-d'œuvre pénitentiaire pourrait être utilisée largement.

Le troisième congrès socialiste algérien n'a pas été sans agiter cette question, et nous trouvons dans le rendu-compte des séances une proposition du citoyen Davin non dépourvue d'intérêt.

Il faut que les colons, jetés avec leurs seules ressources sur des terres incultes, aux termes de la loi de 1878, puissent redonner à cette terre la vigueur à laquelle elle n'est plus habituée. D'énormes efforts sont indispensables, qui coûtent beaucoup de sueur et d'argent sans rapporter souvent mieux que d'amères désillusions. Un remède provisoire serait d'utiliser la main-d'œuvre pénitentiaire pour le plus grand profit de la collectivité anonyme, au lieu de la réserver au bénéfice exclusif de quelques très gros propriétaires déjà en pleine prospérité, et qui ajoutent à tous leurs revenus celui de pauvres diables condamnés. Avant d'installer le colon, il faudrait préparer le sol à le recevoir; il faudrait avoir de l'eau, des routes et tout l'appareil indispensable à la vie sociale. Tout cela, le colon ne le trouve pas en arrivant et il lui faut commencer par le créer avant d'avoir en quelque sorte le droit d'espérer un grain de blé pour lui seul. Puisqu'il y a encore des condamnés qu'on les fasse servir à tous. Leur malheur ou leur vice ne sera donc pas complètement perdu et leur régénération sera beaucoup plus facile.

Les membres de la ligue du « Reboisement de l'Algérie » — une des plus grosses, des plus importantes questions à l'ordre du jour, que celle du reboisement — s'inspiraient aussi de ce principe, en estimant que dans les prisons de l'Etat des milliers d'hommes désœuvrés vivaient aux frais des contribuables. En dehors de l'immoralité qui résulte de ces promiscuités permanentes, il est un but d'utilité publique qui n'échappe à personne et qui prime par conséquent toute considération de routine, d'habitude, de tradition. L'administration pénitentiaire elle-même a demandé cette destination pour les forces qu'elle détient, reconnaissant que le premier effet serait un allègement des crédits à allouer.

Quand l'emplacement sera choisi pour l'édification d'un centre et que des routes lui assureront de grandes facilités d'exploitation et d'écoulement des produits du sol, ce sol sera vite peuplé d'hommes résolus à le faire valoir et la *colonisation* y gagnera de fervents adeptes. À ce point de vue, nous partageons cet avis des membres de la ligue du reboisement que, sans voies de communications, sans un régime normal de pluies qui donnera de l'eau aux oueds et aux sources, l'œuvre économique tentée par la France ne peut qu'aboutir imparfaitement. Cette opinion est tellement évidente qu'elle confine à un axiome. En partant de ce principe non moins évident que les forêts ont une influence sur le régime des pluies, on en arrive à reconnaître la nécessité de reboiser deux millions d'hectares détruits par le délaissement, le feu, le dépérissement, la sécheresse. En attendant que des crédits suffisants puissent être destinés à l'amélioration, à la conservation, au reboisement des forêts algériennes, il y a lieu de se préoccuper des travaux d'appropriation, de défense, notamment des tranchées séparatrices en cas d'incendie.

Toujours à propos des forêts, la Ligue du reboisement exprime des choses très justes. Mais il faut changer un terme dans ses appréciations, c'est le mot : Etat. Dès l'instant où la personnalité civile de la colonie sera officiellement reconnue, l'Algérie aura seule la libre disposition de son budget, sous le contrôle du gouvernement, et pourra d'autant mieux se dispenser de toute intervention. En tous cas, du jour où des routes amorceront les chemins forestiers, les profits immédiats consisteront en « bois abattus pour la construction des chemins et tranchées, exploitation du tan et de la résine, mise en valeur des clairières, élevage du bétail, etc... Les produits éloignés seront les coupes de bois pendant une période de temps à déterminer. Nous n'entrons pas dans les détails, car suivant la densité de la forêt, la nature des essences, l'âge des arbres, il y aurait des conditions particulières à imposer de part et d'autre. Nous indiquons seulement la possibilité de mettre en état des forêts qui sont abandonnées, faute de crédits. »

D'après les évaluations établies par des hommes compétents, les forêts de l'Algérie, en dehors des chênes-liège, peuvent rapporter plus de 25 millions par an. A cette source de revenus qu'une simple réforme financière peut nous assurer, s'en ajoute une deuxième aussi abondante, celle des mines.

On sait que les richesses géologiques de la colonie ont été accaparées dans la province de Constantine par des Anglo-Maltais. M. Lenorment s'indigne de tant de faiblesse et demande qu'une loi protectrice de l'industrie nationale soit élaborée. On a bien tenté un essai dans ce sens, après l'abrogation du décret du 12 octobre 1895, qui constituait une garantie insuffisante de la richesse minière française, mais il n'a pas eu de suites, de sorte que nos amis de Fachoda continuent à extraire et à embarquer, sous *pavillon anglais*, les phosphates de Morsott par centaines de milliers de tonnes.

Mais où notre force d'inertie s'affirme dans toute son ampleur, c'est dans ce fait que le décret de 95 ayant été rapporté et le projet de loi renvoyé aux calendes grecques, il n'est plus permis d'exploiter d'autres gisements en dehors de ceux de Tebessa pillés par les Anglais. Il est cependant prouvé qu'il existe des couches de phosphates sur le plateau de Chéria, dans la chaîne des Maâdid (versant du Hodna), aux environs de Boghari, à Inkermann, au Koua, au Rio-Salado. N'y a-t-il pas à cet égard des décisions à prendre?

En outre de ces phosphates, l'Algérie possède des mines de pétrole, de fer, de cuivre, de mercure qui sont en partie délaissées à cause de l'absence de voies de communication. « Il conviendrait de dresser le bilan de toutes ces richesses, dit le Bulletin de la ligue du reboisement, et de montrer aux pouvoirs publics combien ils seraient coupables s'ils abandonnaient plus longtemps tant de milliards enfouis dans le sol! »

Il est bon nombre d'autres réformes d'un ordre moral à apporter au système administratif algérien. L'une d'elles mérite qu'on l'étudie plus particulièrement. Elle a trait à la façon dont nous comprenons l'assimilation des indigènes.

La colonie compte plus de 5 millions d'arabes qui sont soumis à une organisation communale et départementale, en tous points semblable à celle des communes et des départements de la Métropole. De sorte qu'à l'instar de la France, l'Algérie a ses conseils municipaux, dans les centres dits de plein exercice, et ses conseils généraux.

Dans ces assemblées, les élus européens occupent les trois quarts des sièges, et les assesseurs musulmans l'autre quart. Il y a là une évidente disproportion, surtout si l'on tient compte que les indigènes fournissent les 11/12 de l'impôt annuel et représentent les 9/10 de la population coloniale.

Les musulmans, qui ont un très vif sentiment de la justice, comprenant l'infériorité matérielle et morale dans laquelle ils sont tenus, nous vouent de légitimes rancunes, car ils n'ignorent pas que les taxes que leur crée ce régime assimilateur, alimentent les budgets départementaux dont profitent les seuls européens.

Cette manie d'appliquer nos lois, nos règlements à un pays où n'existe ni unité d'intérêts, ni unité ethnographique s'étend au service des *forêts algériennes*.

« C'est tout simplement monstrueux, s'écrie M. Fleury Ravarin. » Et il explique les exactions incessantes auxquelles sont en butte les 800,000 indigènes *qui ont vécu de tous temps au milieu des forêts*, de la part des gardes forestiers, inventées par le Code métropolitain.

Il faut en finir, dit-il, avec ce régime insensé qui ne résiste pas une minute à l'examen. Il faut à l'Algérie un Code spécial, moins rigoureux, approprié aux besoins particuliers du pays.

Tout en maintenant les dispositions nécessaires pour conserver et agrandir notre domaine forestier, important à tant d'égards en Algérie, il convient d'ouvrir, dans une large mesure, les forêts au pacage des moutons et des bœufs, partout où cela peut se faire sans inconvénients. On évitera ainsi les incendies; on permettra aux arabes d'élever le mouton et le bœuf. La richesse générale se développera, et le Trésor y trouvera son compte, soit par la perception des taxes de pâturage, soit par une meilleure perception des impôts en général. Ce sera profit pour tout le monde.

L'application de notre procédure civile et criminelle aux indigènes, soulève aussi des protestations.

Un projet de loi tendant à la réforme de la justice pénale, a été déposé en 1894 et, au mois de mai dernier, un rapport dans ce sens a été distribué à la Chambre. Y sera-t-il donné suite?

Quant aux méthodes d'enseignement pour les jeunes musulmans qui fréquentent nos écoles, elles devraient être mieux appropriées au but pratique que nous poursuivons.

Cette question du développement intellectuel des indigènes a soulevé beaucoup de controverses. Nous nous rangeons à l'avis de ceux qui préconisent *l'enseignement pratique*, le seul que soit appelé à fournir à l'œuvre de la colonisation de précieux auxiliaires. Ce qu'il faut surtout chercher à développer chez l'indigène, c'est l'esprit de solidarité et de prévoyance.

M. Delanney, le très distingué secrétaire général du gouvernement général, dans le rapport établi sur l'exercice 98-99, constate que 128 sociétés de prévoyance fonctionnent, dont l'actif atteint 7,911,106 79. On ne saurait trop encourager ces institutions qui ont l'avantage de protéger les arabes contre l'usure, dont le rôle, dans le monde musulman, est considérable.

De cet ensemble d'améliorations apportées à l'état social des indigènes, naîtra un courant d'opinion favorable à notre influence. Nous laissons maintenant aux spécialistes le soin de développer ce programme, notre devoir se bornant à indiquer les réformes à réaliser, après avoir exposé les vices de notre organisation coloniale et les inconvénients de certaines institutions métropolitaines appliquées à l'Algérie.

Nous pensons avoir atteint notre but. Puisse à son tour le Parlement entendre l'appel que nous lui adressons ; c'est notre vœu le plus cher, comme il doit être celui de tous ceux qui aiment la France d'outre-mer, si intensément belle sous sa parure éternelle de soleil et d'azur.

# XII

## CONCLUSION

Toutes ces réformes, du jour où elles seront réalisées, aideront à la grandeur de la France et au progrès humain dans le nord de l'Afrique. Les crises aiguës qu'a traversées la métropole ont eu en Algérie de douloureuses répercussions. Il est nécessaire, aujourd'hui, qu'elles se ressaisissent toutes deux et collaborent au relèvement de notre prestige. Le Parlement s'inspirera de ce désir pour satisfaire aux revendications de tous les vrais patriotes, afin qu'une ère nouvelle de quiétude et de bonheur s'ouvre pour la République.

M. Clamagerand estimait avec raison,

dans son ouvrage sur l'Algérie, que la France n'était pas arrivée à cette parfaite sagesse qui, selon l'Ecclésiaste, caractérise la vieillesse des individus et des peuples.

Mais quand on saura lui parler un langage viril, disait-il, on verra qu'elle n'est pas incapable de le comprendre. Elle sent que son rôle dans le monde n'est pas fini. Elle tient en réserve au plus profond de son être une énergie latente qu'elle ne veut pas dépenser follement; mais elle n'a pas renoncé aux longs espoirs ni aux pensées qui embrassent autre chose que les horizons prochains et les nécessités de l'heure présente. Elle n'abandonnera pas ceux qui, à l'abri de son drapeau, ont travaillé sur la terre d'Afrique pour ouvrir à son activité un champ plus vaste. Elle ne consentira jamais à laisser, là où elle est maîtresse, la barbarie l'emporter sur la civilisation, sachant bien qu'une pareille défaillance la condamnerait à s'éteindre misérablement.

Qui ne partage cette foi dans son avenir ? Et de quel front devons-nous voir, sur cette terre française, *certains* étrangers chassés de leur pays par la misère ou le crime, douter de la puissance démocratique de notre Gouvernement au point d'en combattre les institutions et d'en mépriser les lois.

Maintenant que la chute honteuse de la plupart de ces démagogues séparatistes est consommée, il appartient au patriotisme et à la clairvoyance des Chambres de panser, à l'aide de réformes sérieuses, les blessures dont souffre la colonie.

Cette porte ouverte sur le monde mystérieux de l'Islam, comme a été désignée l'Algérie, est appelée à faciliter la propagation des lumières de nos modernes civilisations, à travers les contrées pénombreuses où croupissent des peuples retombés dans l'enfance. L'œuvre à réaliser est une œuvre d'émancipation, de générosité, de progrès, et, seule, la nation française peut remplir une telle mission pacificatrice.

Sur le seuil du vingtième siècle, elle fera revivre les belles traditions de ses ancêtres de la Révolution, afin que les peuples, oubliant ses turpitudes, n'apprécient que son désir de fraternité.

Ses héroïques explorateurs, qui promènent l'emblème de la patrie dans les régions désertiques du Soudan, sous les cieux enflammés du Sahara, aux abords du lac Tchad, sont les collaborateurs précieux de cette noble tâche, les avant-coureurs de l'évolution sociale à laquelle ne résisteront ni les temps, ni les espaces. L'heure est venue d'en apprécier la grandeur. C'est par la France d'outre-mer que la métropole peut reconquérir sa prépondérance dans le monde. La République a trop conscience de ses destinées pour ne pas aider à l'accomplissement de cet acte de rénovation. Aussi reconnaîtra-t-elle que l'Algérie, si longtemps méconnue, toujours décriée, a droit à sa plus affectueuse sollicitude. Elle reconnaîtra que son indifférence à l'égard de la plus belle des colonies était imméritée et que les pouvoirs publics ne doivent s'en prendre qu'à eux des inquiétudes occasionnées par les événements relatés dans cet ouvrage.

Qu'elle se manifeste donc cette sympathie si ardemment désirée, et ce pays de charme prestigieux retrouvera, sous les caresses de notre France aimée, toutes les splendeurs des terres de liberté, d'humanité et de justice.

FIN

# TABLE DES MATIÈRES




ÉMILE COLIN, IMPRIMERIE DE LAGNY (S.-&-M.)